親も子も共に育つ「園長からのたより」

一人ひとりと向き合う子育て

飯田和也 著

北大路書房

はじめに

近年、社会の状況も変わり、幼稚園や保育所に子どもを預けている保護者の意識も変容してきました。子どもへの虐待、いじめ、登校拒否、暴力といったさまざまな問題が話題となり保育現場での保育者の対応も困難になってきています。保護者も保育者も子どもとふれ合う中で悩むことが多くあり、そのような状況にぶつかった時、乗り切る知恵を得たいものです。

この本は、日本各地の保育研修会・講演会で園長先生や主任の先生と出会い「親の子育ての悩みへの対応」「保育の基本とは」といったテーマで、共に悩んだり、喜んだり、憤ったりしている中で教えられた事や、幼稚園の園長として、毎月保護者へ手紙として渡しているものを中心に一部加筆し、まとめたもので、一九九五年に発行した飯田和也講演録『世界で一つしかないもの』（花書房）の続編になります。

保育所や幼稚園の教育への考え方は同質であり、保育の中での保護者への対応、そして保育の計画や実践は共通のものがあります。しつけや教育においては、一人ひとりの発達を愛するはたらきかけを大切にしたいものです。

園長としてこの三十数年間に、子どもから、保護者から、先生から、さまざまな生き方を教えられました。その視点から保護者に幼児教育の大切さを伝えると同時に、子どもを授かった喜びをどのように伝えるかを配慮したつもりです。保護者が子育てで悩んだときの参考書として、園長の立場で保護者へ伝えたいことの例示として、また保育者が保育実践の参考書として読んでいただければ幸いです。

保護者の中には子どもに対してどのように叱り、ほめてよいかわからないという悩みをもっている方も多くみられます。どのようにはたらきかけたらよいかについて、説明のしかた、示しかたを具体的に記述してあります。

若い保育者にとっては一人ひとりの子ども理解や、発達を押さえた保育をするうえで参考にしていただければ幸いです。地域により違いはありますが、保育環境をどのように構成するかという時に子どもの目や耳や手、足になることが重要です。子どもの立場になり環境を理解しなければ保育の環境を構成することはできません。これからの地球は人間にとって大切な物が少なくなり、困難に出会うことが多くなってゆくことでしょう。そのような環境にぶつかっても人や地球を大切にし、自分で困難を乗り越えていく知恵をもたせたいと願わざるを得ません。子どもと共に生きる保育者として一緒に悩み考えたいと思います。

この本の写真は愚息の孝之がさまざまな国の人と出会う中で、心に残った場面を選び取り入れました。読むときの参考にしていただければと思います。また、保護者の方や現場の先生の反響（手紙）も掲載しています。

この本で一人ひとりの発達のために一緒に考えていただければ幸いです。

飯田和也

目次

はじめに

I部　どうしつけるか……1

「心の教育」とは……2
学級崩壊という報道から……5
新幹線の中の出来事……8
拒否型のしつけの影響……11
お母さんそんなに怒って言わないで……14
叱れないお母さんや先生へ……18
叱り方について……21
どんなほめ方をしていますか……24
子どもが子どもをほめる……28
過保護……31
しつけのよい子　1……34
しつけのよい子　2……37

子どもが学校に行ったあとの部屋から……40

Ⅱ部　発達を援助する……43
子どもの発達を助けるとは……44
送迎は素敵な笑顔で……47
主体性を大切にする生き方……50
自分から話ができる子に……53
困った体験そして我慢する力……56
食事は楽しくマナーよく……59
子どもからお父さんへ……63
子どもに多くのことを要求していませんか……66
「やってみたい」という気持ち……69
倉橋惣三氏の言葉より……72
「心の基地」となる幼稚園・保育所……75

Ⅲ部　個性を育む……79
初めてバイバイをした場面に出会って……80
「愛されている」と感じる心から……83

この子しか咲かせられない花を咲かせる……86
子どもの心を大切にするとは……89
おとなしいと思われる子に対して……92
チャンスをのがさないで……95
子どもを○○と決めつけていませんか……98
幼稚園・保育所時代の先生と親の言葉……101

Ⅳ部 保育の現場から 幼稚園・保育所の先生へ

……105
保育目標と方針をわかりやすく説明していますか……106
子どもの成長を共に喜べる幼稚園・保育所……108
多様化している家族と信頼感を確立するため……110
「聴き上手」な保育者のいる幼稚園・保育所とは……112
音楽を楽しんでいますか……114
楽しいばかりでいいでしょうか……117

I　どうしつけるか

「心の教育」とは

この数年間に青少年の残酷な事件が日本中で起き、教育関係者や保護者の心を痛めています。今までの日本の子どもたちの生活からは考えられない事件展開であったり、ショッキングな内容のものでした。このような事件をとおして「心の教育」の重要性を痛感した人が多かったことと思います。子どもたちの「生きる力」を育む幼児期からの「心の教育」は、**自分勝手に生きるということではなく、相手の立場になって行動する生き方を身につけてほしい**という教育者や保護者の願いからも生まれてきました。幼稚園・保育所では「心の教育」の充実を図るために、「生命を尊重すること」「花や動物や昆虫などを大切にすること」「人間らしく生きていくには守らなければならない約束事があること」「自由は許されるがそのあとには必ず責任があり、それを理解して行動すること」「自分ひとりでは生きていけないし、自分勝手では生きられないこと」を体験してほしいと願っています。

他人への思いやりや、正しいことやいけないことを判断する力を、友だちとのかかわりから気づくことも大切です。また、先生から説明を受けたり、示されたりすることも将来の生き方に影響します。

しかし、園だけでは簡単には身につきません。家庭の中や周囲の人々とのかかわりから約束事や、やってはいけないことを教えられます。自分ひとりの世界から周囲にいる子どもや大人、そして園での出来事をとおして正しいことやしてはいけないことを判断する力が身につきます。子どもたちが悪いことをしていればきちんと叱る保護者でいなければなりません。叱られた体験がないために悪いことを平気でしてしまったり、相手の立場になって行動ができない場合もみられます。**叱り上手、ほめ上手な保護者となり子どもとかかわることが「心の教育」には重要です。**

園の中や周囲にある美しい物を見たら美しいと感じたり、そして、それを将来まで残そうという生き方が大切となります。そのためにまず生活している中でお母さんをはじめ、周囲にいる大人が「きれいだ」「美しい」「おもしろい」といった感性を豊かにもった生き方を示すということです。きれいなものを見てもなにも言わなかったり、おいしいものを食べても黙って食べているのではなく、豊かな言葉と表現を示すことによって子どもたちに「心の豊かさ」を気づかせることです。大人も子どもも共に楽しんだり、悲しんだり、喜び合ったりという「心の交流」をとおして心を豊かにすることが大切といえます。

子どもたちが自分で約束事を見つけたり、守ろうとする生き方ができるためには、周囲にいる大人は答えを出しすぎたり、過保護にならないことです。また、過干渉であったり、厳しくしすぎると、

子どもたちは自分の力で気づくことができません。子どもが自分で美しい物を感じたり、約束事があることを理解し行動する力を身につけさせるためにも大人の忍耐が必要といえます。

学級崩壊という報道から

今、小学校や中学校で授業中に奇声をあげたり、フラフラして自分の席から離れたり、先生に悪態をついたり、給食では好きなものだけを好きな量だけ、好きな時に食べたり、嫌いな食べ物は床に捨てて平気でいるという「学級崩壊」の実態がテレビや新聞で報道され保護者にショックを与えています。以前の学校教育の実態とかなりかけ離れていると感じられているお父さんやお母さんが多いと思います。将来、わが子が学校の中で人に迷惑をかけたり、自分勝手な行動をしないために、これからどのようなことを大切にして身につけたらいいかを一緒に考えていきたいと思います。

学校に入学してこのような行動をするようになった原因の一つに幼児期の育てられ方が問われています。昭和時代の教育は先生が主導となって「上手に話したり、字を書いたり、絵を描いたり、歌ったり、計算したり、体操では逆上がりもできる」といった子どもを教育し、育てることが中心でした。このようなことが得意な子にとっては楽しい幼稚園・保育所、そして小学校であり、できない子にとっては劣等感をもってしまう教育になっていました。その結果、平成になってこれまでの教育では、自分で考えたり、工夫して生きていけない人間を育ててしまうという反省から「自発性・主体性」を大切にしましょうという考えが打ち出されました。そのためには、好きなことを大切にした教育やしつけが提唱され、「叱らないしつけ」「叱らない保育」をして子どもの発達を見守りましょうということになりました。しかし、見守ることを「受容」と理解し、すべて許すといったまちがいをしたり、叱らないことをなんでも受け入れるという考えをして「好き放題」「やりたい放題」の放任にしてしまいました。この結果、数々の恐悪な少年の犯罪が発生し、「心の教育」が見直されています。**すべてを「許す」といった教育やしつけではなく「自由のあとには責任がある」といった考えや行動を家庭や学校で見直す**ことだと思います。

昭和時代のような教師の一方的な押しつけで教えるのではなく子どもたちに「自分で考える」「自分で見つける」「自分で工夫する」といった時や場を母親も父親も先生と一緒になって体験することです。一方的にならないためには、子どもが親や先生から「愛されている・認められている・受け入れられている」といった信頼感をもつことです。つまり、「心の発達」の中で最初に大人との信頼感があったうえで、次に行動してもいいといった意欲に結びつくのです。さらに、自分から行動した時に社会では「ルール」があるということを教えることが大切です。食べる時には手を洗い、挨拶をするなどの約束があったり、物を大切にしたり、また社会の中でさまざまな人とかかわる時、人をどのように大事にするかといったことや約束を親や先生は説明し、モデルになることです。学校や家庭や地域社会で好き放題にしている放任では、子どもの心の発達はありえません。

　ＦＡＸを有難うございました。頂く度毎に、先生がどんなに頑張っていらっしゃるかと、未熟で弱い私だけれどもまた立ち上がり歩き出そうと、元気が出ます。
　今回の内容に、全く同感致します。自由と放任の履き違え、そして放任を「自主性を尊重している」とやすきに流れた保育を本流に戻すのは大変なものがあります。　Ｔ市では、10 年ぐらい前に保育の指導的な立場にある人がそれを繰り返し講演したので、すぐにそちらへと流れてしまった感があります。「本当の自由とは何か」と、一斉などの形ではなく、子どもの自由感を主張しても、古いとされてしまいました。そのことに対する反省が全国的になされて指針も再改正されましたが、実際はなかなかです。子どもたちには申し訳ないと思っています。高校生の事件を見るに付け、彼らの気持になり、希望に燃える若者なのにと心が痛みます。保育所・幼稚園から大学まで子どもに携わる人々が手を携えなくてはなりません。学びを有難うございました。

新幹線の中の出来事

京都から乗り込んできたある母と子のようすは、あまりにも悲しく、辛く、涙が出ると同時に憤りを覚えるものがありました。それは新幹線の三人掛けの空いている椅子の真ん中に小さな子どもを連れた女性がその子を座らせ、そしてお尻で押して一つの椅子に二人が座りました。子どもは半ズボン姿で小さなリュックサックを掛けており、女性はかばんの中からおにぎりの包み紙を出し、それを開けると突然大きな声で「うそ言うな」と言って拳骨でコーンとその子の頭を叩いたのでした。「おなか空いたなら空いたと言え」と言うと、子どもは小さな声で「言えないもん」と言うのです。女性が「食べな」と言うと、かなりおなかが空いていたとみえて「あ、おいしい」と本当においしそうな言葉を発したその時、「しゃべるな」と言ってまた拳骨で頭を思い切り叩くのでした。その小さな子どもは叩かれた痛さをこらえておいしそうに天むすおにぎりをほうばっているのでした。

京都を出ると新幹線はすぐトンネルに入ります。その日は雨で列車の外の窓ガラスには雫がキラキラと輝いて流れ落ちていました。おにぎりを食べながら真っ暗闇の中でダイヤモンドのように光っている雫を見つけたその子が「きれい」と言ったとたん、「よそ見るな」とまたも拳骨で頭を叩かれたのでした。両手におにぎりを持ちながら涙をため、やがて涙の雫がほおにつたい始めるのでした。いったい、この女性は母親なのだろうかと会話を聴いていると「グチャグチャ食べちゃダメとお母さん言っているでしょう」と言いながら頭をコツンと叩き、「手をベタベタして食べるな」と拳骨で叩くのでした。目に涙をため「おいしい」とも言えず、よそも見ないで叩かれた痛さを我慢しているその子の右の腕を見ると、そこには母親の爪のあとが二つクッキリと付いていたのです。その姿を見ると私は新幹線の中であったにもかかわらず涙が出て、どうしようもない状態になってしまいました。

私は教育現場に携わる者としてこの子に今、何がしてあげられるか必死に考えました。満員の新幹線の中で、母親を注意していいのだろうか、それとも無関心で見過ごすことが子どもにとっていいのだろうかと悩んでいた時、母親がおにぎりの包みを捨てに立ち上がりました。その時、少なくとも名古屋に着くまでの間叩かれないように見守ってあげたいと、その子としゃべることにしました。初めての人には子どもはなかなか心を開きません。その子と心の交流をするために、その子が座っている目の高さまで自分の身体をできるだけ低くして話しやすい状態を造り、「なんて名前?」『…こういち』「いくつ?」『五歳』「どこの幼稚園（保育園）?」『〇〇保育園』と心を開くのでした。『今からおとうちゃんの隠れ家にいくんだよ』といった話をしていると母親がもどってきて、二人で話してい

る姿を見てびっくりしていました。その後、先生の名前やおならをした話を聴き、母親にかわいい子で楽しい子だということを伝えたりして名古屋駅まで叩かれることを防ぐことができたのでした。しかし、名古屋駅のトイレの前でその子の顔を叩いている母親の姿があり、この子が叩かれることなく母親から愛されるため、専門家からの母と子への援助があることを願わざるを得ませんでした。

拒否型のしつけの影響

あるファミリーレストランに入った時のことでした。突然隣のテーブルで「もっとぜんぶ食べなさい」、そしてしばらくすると「どうして食べないの」とヒステリックに怒鳴りつけて食べさせようとしているお母さんがいました。自分の思いどおりにならないでイライラして子どもにあたっている状態であり、一方、隣ではまったく無関心な若い父親の姿がありました。同じように子どもを育てる中で「お母さん、お母さん」と問いかけても「フン」といった無関心な態度、「お母さん絵描けたよ、見て」と言っても黙って無視する態度、「お母さん、話したいなあ、抱かれたいなあ」と思ってもいつもイライラしているみたいな態度、「お母さん、こんなにできた」と言うと「だって、そうでないでしょう」とすぐ否定する態度、「算数、90点取ったよ、見て」と報告すると「みんなもでしょう」という態度など、拒否的なしつけをしている母親が時どき見られます。子どもはこのような態度をいつもされると、自分は「愛されていない」「受け入れられていない」「認められていない」という気持ちになります。そのような心になると子どもは幼稚園・保育所の中や友だちと遊んでいる時にさまざまなサインとして、周囲の人々（先生や友だち、親）の注意を引く行動をします。例えば、わざとオネショをして叱られるとか乱暴なことをして怒られようとするなど、愛情を獲得するために無意識の努力をしたりします。また、反抗的、攻撃的、加虐的といった態度を示し、一見するとひとりで行動するものの非友情的といった場合も見られます。さらに、現実から逃避する行動として昼間からボンヤリしていたり、将来家出をするといった行為に結びつくような場合もあります。集団の中で愛情に対して神経過敏な態度をとることもしばしば見られます。

最近の少年犯罪では、犯罪を起こした子どもの幼児期が問題だといわれています。その一つに愛情の与え方が問題であるとか、遊ぶことが十分できていなかったといったことが取り上げられています。子どもの楽しみや活動に対して親は「何に興味や関心をもっているかをわかってあげる」ということが大切です。無関心という態度でなく「**あなたのことを理解しようとしていますよ**」という**ふれ合い**が必要です。また叱るだけでなく認めること、ほめることをして「**あなたのことを信頼しています**」という**態度**を表すことも大切といえます。さらに一緒に話し合うという時間をもつことが重要です。子どもとふれ合い、食事の時、お風呂に一緒に入る時、ふとんの中で「**じっくりとあなたの話を聞いています**」といった**態度**で接することも必要といえます。子どもの求めているものを理解しようとすること、自分の子どもは今、何に興味・関心をもっているかを把握することも大切です。重要なことは「子どもを立派に育てる責任をもつ」ということです。子どもは親に愛されて生きている喜びやもっと生きていたいという気持ちになり人を愛することができるのです。愛のある家族でいたいものです。

FAX 有難うございました。高 1 の娘が私より先に読んで、「私のお母さんは、こういうお母さんではない。でも、私がこのようなお母さんになったらどうしよう。」と独り言を言うので、何の事かと読ませて頂きました。子供から見て悪い母ではなかったのかと嬉しく思いながら、実家の母に感謝し、「あなたも親の子だから大丈夫よ。」と安心させてやりました。

この文書の内容と全く同じ事を体験を通して学んだ私は、この子達に何もしてあげられないと無力感に苦しみました。そして、気になる行動をとる子供には、「どうしたの、何かつらい事でもあったの？」と抱きしめたくなります。今、この時できるだけのことをしたいと思っています。

お母さんそんなに怒って言わないで

子どものノロノロしている態度を見て、つい怒鳴ってしまうことがあります。しかし、親として反省しなければならないことの一つに本当は「自分からやろう」としているのを見落としているのではないかということです。また、母親の言い方によって子どもは自分からやろうという意欲を無くしてしまうことがあります。子どもにとっては「もう少し待っていてくれればやるのに」といった心情の時もあり、お母さんの顔の表情によって意欲を無くしてしまうこともあるのです。

「いつまでテレビつけて見ているの!」「いつまでごはんを食べていれば気がすむの!」「もっと早く服が着られないの?」「どうしてこんなたし算がわからないの!」「こんなことぐらいできないの!」といった言葉を発している時のお母さんの表情はどのようでしょうか。とくに、何度も同じ場面になると声は大きく高くなって早口となります。そしてその時の顔はどのようでしょうか。子どもから見ると「お母さんは眼をカッと見開き、口はパクパクと大きく動き、耳は立っているような」まるで般若のごとく恐ろしい形相に見えているかもしれません。鬼のようで怖いと感じ、動けなくなる場合もあります。

当然、命にかかわる危険な時や人に迷惑をかけていることに対しては、きちんとわかるような助言や指示が必要です。しかし、毎日の行動の中で命にかかわることのない場合は考え直す必要があります。

このような時は「見守る」という態度が大切です。それと同時にわが子の能力を信じてあげられる親になっていたいものです。本当に愛していれば、そして信じることができれば子どもは自発性を発揮しはじめます。

自分のこと信じて愛してくれるお母さんが一人いたら
自分のこと信じて見守ってくれるお父さんが一人いたら
自分のこと信じて共に泣いてくれる友だちが一人いたら
自分のこと信じてできない時なぐさめ、励ましてくれる先生が一人いたら

生きていたい、自分から「しよう」という意欲をもつことに結び付きます。まず子どもを愛し、信じることができる関係を作りたいものです。子どもたちも大人も生きている喜びを味わい、生きる力をもつために一人でいいからこのような人をもつことが必要ではないでしょうか。

幼稚園・保育所の先生や保護者が子どもに対してはたらきかける時に配慮したいことで次のような

ことも大切といえます。大きな声で怒鳴るのではなく「問いかけをして間をとり、見守ります。その時できないのがあたりまえで、そこでできないことを一緒にくやしがります。次に助言をし、間をとります。それは主体性の芽が出ているところを大切にするためで、そして、できたら一緒に喜びあって共感します」。

ここで重要なことは「間」です。これは自分からしようという意欲を気づかせたり、困難に出会っても避けないで自分で乗り切る知恵をつけるために最も大切なことといえます。子どもを心から愛して、信じる力をもち、自発性をもった生き方をしてほしいという親の願いを届かせたいものです。

「自分のこと信じて愛してくれるお母さんが一人いたら、自分のこと信じて見守ってくれるお父さんが一人いたら、自分のこと信じて共に泣いてくれる友だちが一人いたら、自分のこと信じてできない時なぐさめ、励ましてくれる先生が一人いたら」という先生の話の中から困難に出会ってもさけないでたちむかっていける力、愛されているという実感のもてる保育をめざし、今はまだ芽が出たばかりですけれど、いつしか自分でしか咲かされない、ふまれても、ふまれてもたちあがってこられる雑草の強さを秘めた名もない花を咲かせられたらと先生に会えていただいたエネルギーをもとに、子ども達や大人の心に火をともせるような主任になれるよう自乙研鑚をしていきたいと思います。

素晴らしいFAXを、有難うございました。読み返す度毎に、子ども達への愛があふれてくるようで感動いたしました。知人にコピーして、先生の真心を知らせています。人への深い愛があればこその気づきと思います。私などまだまだ足元にも及びません。先生の愛の泉から汲み出される真実を頂けることを感謝して、子どもたちに返していかなくてはと思います。

保育所は、福祉施設であり子どもや保護者と対等平等の立場で人権を尊重しようと「先生」呼びをやめる事を始めたのですが、長い間に身についた習慣はなかなか変えられません。過渡期ゆえの現象ととらえ、私達の本意をわかって頂くまでねばり、努力していこうと考えています。よろしく。

先生からいただく『共に育つ喜び』の内容は仕事に対してはもちろんですが、自分自身にとっていつも役に立ち、また反省すべき事が多く書かれた内容です。今回の「そんなに怒って言わないで」もピッタリでした。「間」を持って（待って）気づかせたり考えたりするうち知恵が出るのですよね。追いたててもその時だけです。何回かの間をかさねるうちに知恵がつき、物事をクリアーする力がつくのですよね。わが子にも言える事でした。その時のがれのような事は自分自身の気をおさめるだけにしかなりません。この先もっと気をつけていこうと思います。

叱れないお母さんや先生へ

子どもを叱れないお母さんや先生を時どき見ることがあります。保育の場面でいえば、先生がピアノを弾いている時にそばに来て弾くのをじゃましていても一言も言えない、子どもたちに話をしている時、自分の背中に乗ってきても叱れないのです。高い所に乗って危険な場面でも「あぶない、あぶない、ダメ」と言うだけでそのままにしています。これらと同じように家庭においても、電車の中やバスの中で、わが子が走り回っているのに注意ができない、つばを地下鉄の中で吐いているのに黙っている、公園で他の子どもたちが砂場で遊んでいる時に急に砂をかけても何も言わないといったお母さんを見ることがあります。

このように、わざと悪いことをしたり、気を引こうとしたり、自分の置かれた状況を判断する力がなくフラフラする子どももいます。また、先生やお母さんの話がおもしろくなくてじっとしていない場合もあります。さらに、おなかが空いていたり、眠かったり、のどが乾いていて我慢できなくてとび出すこともあります。こうした子どもの心や行動を理解できないため、叱り方がまちがっているお母さんや先生もいます。ただ「ダメ」といった叱り方を自分が受けていたために、どうやって子どもを叱っていいか判断がつかない人もいます。また、叱らないしつけがよいと思い込み、「気づくまでそのままにしとくべきだ」とまちがった教育やしつけを受けて育った先生やお母さんもいます。何をどのように叱っていいかまったく理解できず、「放任」をしていても、それが悪いと感じていないお母さんや先生も時どきみられます。

何のために叱るのか、それは子どもが将来ひとりの人間として生きていく時、悪いことをしないため、人に迷惑を平気でかけてはならないことを教えるため、自分の体を大切にして安全で健康な生活を送るため、そして、自分で生きる力を身につけていってほしいという先生や親の願いを伝えるためです。叱ることは一人ひとりの発達のためであり、また叱る時は個人差を把握することが大切です。

ただダメという叱り方ではなく、具体的に「ここが悪い」ということを伝え、それも愛情をもって叱ることが大切となります。今していることが将来の生き方の中でやってはいけないことだということを理解させ「叱られる体験が必要だから叱るのだ」という思いを伝えることです。

叱る時には、子どもの言葉の理解度、判断する力、今まで受けていた叱られ方を把握して、どういった言葉が的確かを判断して叱ることが大切となります。

「叱り上手は、ほめ上手」

この言葉のように、叱ったあと、「お母さん、もうしていません」「ママ、きちんとできるようになったよ」といったサインがでた時には、「○○ちゃん、直すことができてお母さん、とってもうれしい」とか「○○ができてよかったね」といったほめ言葉をかけてあげてください。ほめられることによって自分から態度を変えようといった生き方に結びつくのではないでしょうか。叱り上手になって一人前の先生、お母さんといえるのです。

叱り方について

　子どもから「叱られるからもう○○したくない」「先生に叱られるから行きたくない」「○○に叱られるから○○一人でいる」といった言葉を聞くことがあります。そのような時に、親としてこの子のサインをどのように受け取ったらいいか理解に悩むことがあります。このような言葉をそのまま受け止めて「じゃあ、もう行かなくていい」「だったら、もうしなくて家にいなさい」「そんなに嫌なら、もういいから家から出なくていい」「かわいそうだから…」といった態度をとる場合もあります。

　子どもの辛い気持ちを大切にするあまり、相手（先生や周囲の大人、友だち）がどのような気持ちで叱ったのかを理解しないで子どもの発達を妨げてしまわないよう注意しなければなりません。その子が将来、ひとりで生きていくために本当に必要な体験をするという機会を見失うことになります。親として、わが子のために叱ってくれる人が一人でもいるかを見きわめたいものです。しかしただ、叱ればよいといった感覚の人、先生にとって都合が悪い子だから叱る、一斉に動いてくれないから叱る、大人の時間に合わせるために叱る、といった叱り方をする場合には注意をしたいものです。子どもは、わざと叱られることをしたりします。また、叱られることによって自分のサインが素直に出せない場合もあります。叱られる事によって何かすることを嫌がるサインが出たならば、子どもへの叱り方を見直すことです。厳しく言いすぎたり、指摘しすぎて劣等感を与えないような配慮が大切となります。叱ることができて保育者は一人前と言われます。ただ、怒るだけでなく、愛しているから「あなたのためを思って、将来、自分勝手な生き方をしない、物を大切にする、人の立場を考えて行動できる、世の中で生きていくには言葉が大切である」といったさまざまなことを身につけさせてあげたいために叱ることがあります。子どもに恐怖を与えるような叱り方はしません。先生は、いつも子どもたちを叱っているわけではありません。時どき叱っているから子どもに効果があります。いつもは受け入れている「保育」を心がけています。一人ひとりの能力を信じ、ルールを守らなかったら叱るといったふれ合いです。時どき、保育中に子どもを叱っている場面を見てびっくりすることもあるでしょう。しかし、これらは、この子の将来の生き方の中で大切なことを身につけてほしいという保育者の願いのひとつでもあるということを理解し見守ってほしいと願っています。

叱る時、叱り方をまちがってしまうと、叱る方は怒鳴り、わめき、怒り、叱られる方はすっかり恐怖心を抱き、自分は犠牲者だという感情をもってしまう場合があります。**叱られ、教えてもらってできたら、そこでほめるというのが「叱る・ほめる」の関係ではないでしょうか。**教えるとは、子ども

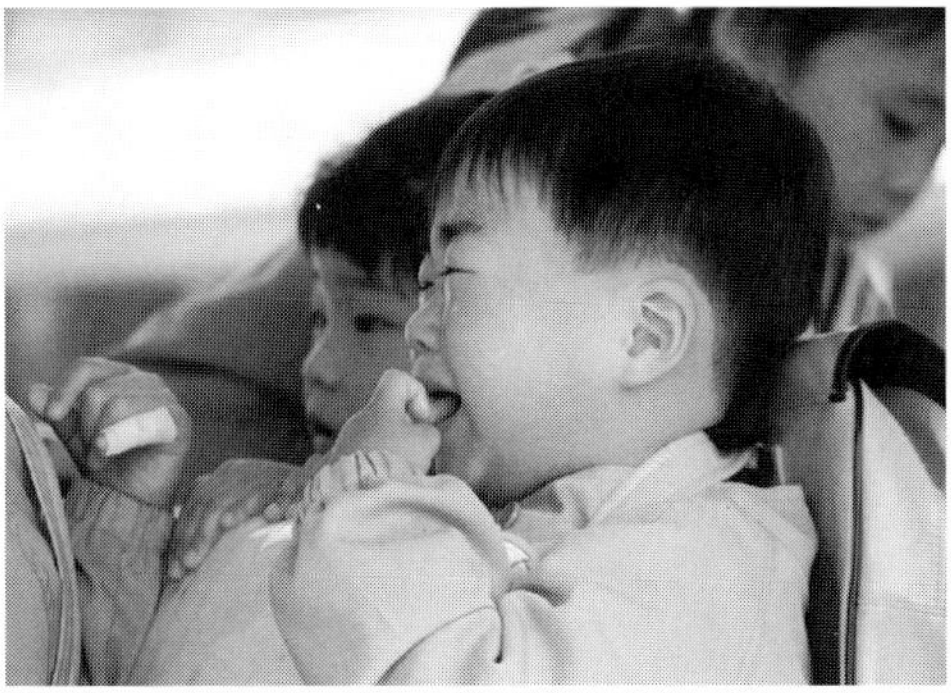

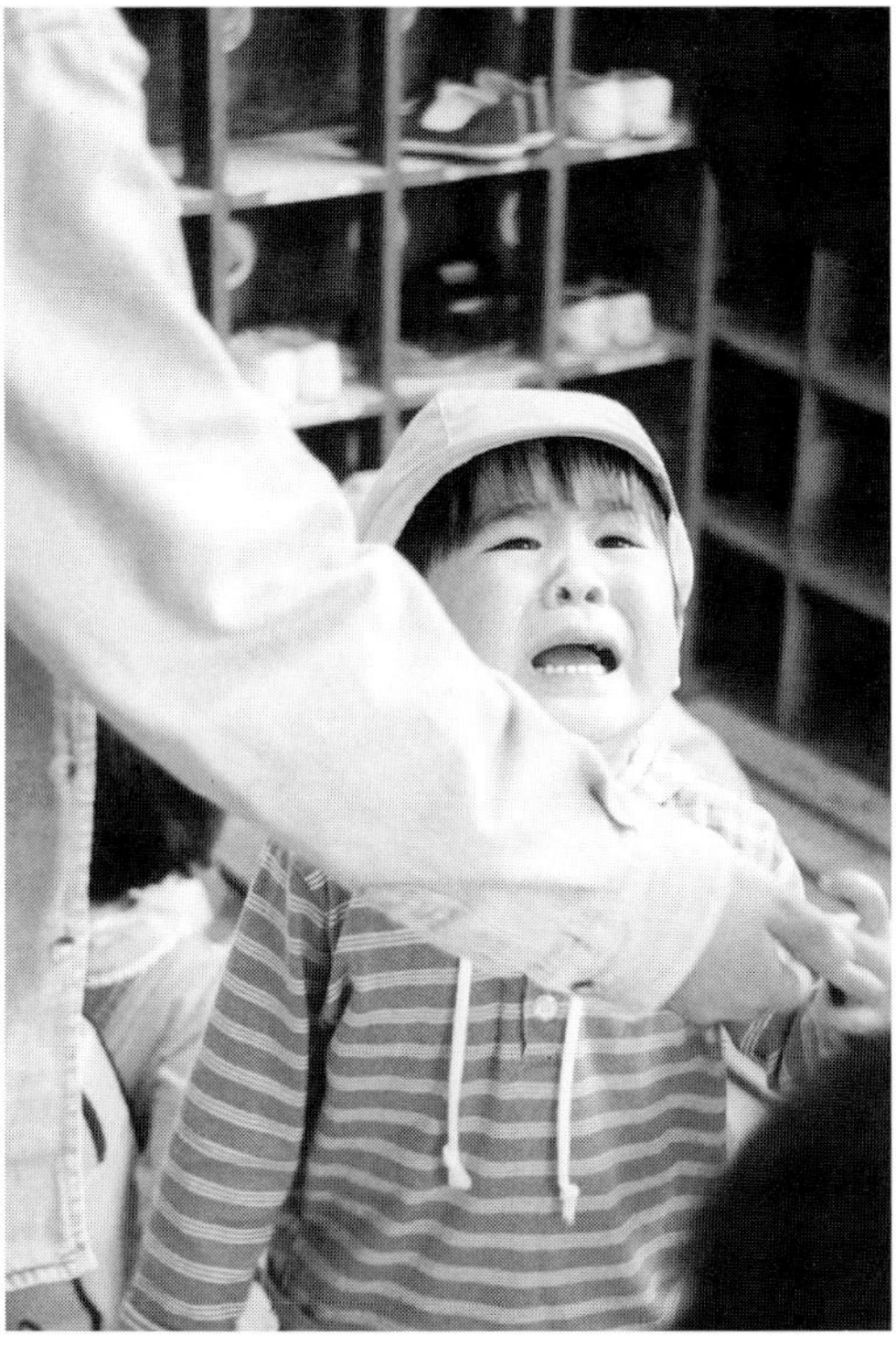

の成長を願っての行為であって、自分の欲求不満をぶつけるために子どもを叱る、皮肉るといったことではありません。叱るとは教えることであり、怒るとは、攻撃することなのです。

どんなほめ方をしていますか

子どもの心を大切にしたほめ方をしていますか。子どもが「○○できた」という喜び、そして「もっと○○したい」という意欲、さらには我慢したり工夫して考える態度を養うようなほめ方をしていますか。その時だけでなく十年・二十年先の生き方に結びつくようなほめ方ができることが重要といえます。**子どもは周囲の大人や友だちからほめられることにより自信をもったり、もっと頑張ろうといった気持ちになります。**しかし、自分の行為が否定されたり、受け入れられなかったりすると、劣等感をもってしまうことにつながります。ほめられたことにより絵を描くことが一生好きになったり、歌うことに自信をもって何事にも積極的に行動できるようになったりします。「字が上手になったね」とたった一言先生から言われたことにより習字が得意になったりする場合も見られます。しかし、逆に「いつまで食べているの。遅いねえ」「鉄棒の前回りできないの？　誰でもできることよ」「オネショなんか誰もしないよ」といった言葉をかけられると、自分は食事をすることが遅くてもしかたない、鉄棒はできなくても当然だ、オネショは直さなくてもいいやといった気持ちにさせていることもあります。子どもへの言葉かけのむずかしさを味わっているお父さんやお母さんも多いのではないでしょうか。

子どもが縄跳びをしている場面から教えられたことを紹介します。幼稚園・保育所のような先生や友だちがいる場では、子どもが一人で黙々と縄跳びをしている場面を見ることは少ないものです。先生にそばで見ていてほしいから跳んだり、友だちと競争しながら跳んだり友だちにかかわりたいから跳んでいたり、先生に跳んだ数を数えてほしいから近くで跳んでいます。子どもは先生という大人に認められたい、愛されていたいと思っていたり、友だちと一緒に跳べたという充実感を味わったり、数を数えてもらうことによりもっと跳びたい、競争したい、頑張って跳んでいたいという意欲を得るのです。友だちの跳び方から前跳び、後ろ跳び、あや跳び、ケンケン跳び、二重跳びといったように次つぎと自分の能力を高めたり、調整力を試したいと思うのです。

子どもは大人の言葉や態度を瞬時に見抜く力をもっています。縄跳びをしていて先生が跳んでいる回数を数えないでそばにいるだけといった雰囲気ではなかなかやる気をもって跳ぶことをしません。「先生見てて」と言って一生懸命に跳び「先生、いくつだった」と尋ねた時「跳べたね」といった対応だけだったり、跳べたことが当たり前といった対応や「フン」といった見ようともしない態度をとられると、もうこの先生の前では跳ぼうといった意欲はなくなります。子どもの心を理解してふれ合いたいものです。
私は「数えて」とか「先生、見てて」と言われたとき、じっとよく見て、跳んだ数を数え、例えば四回跳んだ子には「四・九」とか「四・一」とか「四・五」と言います。「四回と〇・九までの両足まで跳べたね」「四回と〇・一跳べたね」「四回と半分の片足が跳べたね」と、そんな想いで小数点まで伝えます。子どもたちは「オヤ、アレ」といった顔でニコッと笑います。そして「四回とここまで跳べたね」と説明すると「先生、見てて、見てて」となり、次つぎとそばで跳びはじめ、「先生一緒に跳ぼう」「数えて」という声が上がります。上手に縄跳びを跳ぶだけでなくその喜びからもっと跳びたいという「自分で〇〇する」という気持ちを大切にするのがほめ上手といえます。子どもの頑張りたいという気持ちを大切にするために「あなたのために腰を落ち着けてじっくり見て、数えていますよ」といった態度ができれば最高ですね。

FAX有り難うございました。御礼が大変遅くなり申し訳ありません。

私は、「見て」とこどもが縄跳びを見せに寄ってきた時、こどもの心が私に向かってくれた事に感謝して、沢山跳べた喜びやつまずいてしまった残念さに共感していました。ですから、先生の、小数点にたとえられるような小さな努力を見とり、認め励まして、可能性を引き出していく援助は、私の内にある思いを言葉にして表わして下さったと、嬉しくなりました。

こどもを抱きしめる時、いつも心の中で「元気に大きく育つのよ。沢山の人に愛されて辛い事があっても越えていけるように」と祈ります。こどもと触れる私の全部の皮膚の面から私の思いがこどもの中へ入っていくようにと祈っていましたので、先生の10年20年先を見通した保育をというお話がよく私の心にしみました。いつもこどもへの愛にあふれたおたより、深く感謝申し上げます。

子どもが子どもをほめる

クラスの中で友だちが上手に歌った時、折り紙が折れた時、踊りが上手にできた時、拍手をしている子がいます。また、言葉の発達が遅れていてなかなか挨拶ができなかった友だちが「おはよう」と言えたら「○○ちゃん言えたね。上手、上手」と拍手をしていることもあります。そんな時、ほめられたり、受け入れられたと感じた子どもはニコッと笑顔をしています。このように幼稚園・保育所では、保育中に子どもどうしがほめ合う場面が多くある教育が望まれます。

幼児期に先生だけではなく、周囲にいる子どもたちから「受け入れられた、認められた、愛された、ほめられた」といった体験が、人を愛することができる生き方に結び付きます。

小学校生以上になった時、仲間にいじめられたり、また逆にいじめるといった行為を予防するためにも、子ども相互に「受け入れる」という体験が必要です。先生としては、クラスの子どもたちを受け入れ、具体的にほめたりまた時にはわかる言葉で叱ったりすることが大切です。先生がいつも怒ってばかりいては、怒る相手にはこのように怒ればいいのかといった態度を示します。具体的にほめたり叱ったりすることがこの子には必要なんだと理解してふれ合うことをします。子どもが子どもをほめたり、叱ったりする行為をすることによって、子どもどうしの関係が高まり、受け入れ、認め合って人間関係を広げたり、深めたりしています。浅いつき合いの人間関係だけでなく「心の交流」ができるような園での教育ができることが望まれます。心の交流ができれば人との関係は広がり、深まり、小学生や中学生、さらには高校生になった時に「自分は幼稚園（保育所）時代に認められていた、愛されていた」ことを思い出し人との交流を深めることができます。高校生になり園の時に先生に腕にキティちゃんやウルトラマンの絵を描いてもらった、先生にほめられた、友だちに拍手をしてもらったという記憶から「生きている喜び」を思い出し味わうことにもなります。親として、子どもが園に入ってから今までとは違ったよい行動をとるようになったこと、できるようになったこと、大きくなったと感じられたことがあれば具体的に「ここができるようになったね、素敵だね」と言って拍手をしてあげてください。子どもたちがすべてできるようになるのが当然ではありません。友だちの行為を見て努力したり、先生に言われたことを自分のものにしようと一生懸命にがんばっていることを理解して、具体的に言葉をかけてあげたいものです。入園前までは自分勝手、やりたい放題の場合もあったと思います。しかし、四月、五月になると我慢をして緊張したりしながら努力をして大きく、大きく成長をしています。身体だけでなく精神が発達していることを見つけてあげてください。入園式の当時と比べると一年目、二年目、三年目の子どもたちそれぞれが少しずつ大きくなっています。子どもどうしの拍手や出会い、言葉のやり取りを「おおらかに、ゆとりをもって」見守りたいものです。

過保護

「ハイ、時間がないから早く食べて」「友だちが待っているから早く、早く」「危ないから走らない」「ダメ、ダメ転んじゃうよ」「一人で歩いてはダメ」「ハイ、腕を通して、ハイ、ズボンに足入れて」「あーんと口を開けて…もっと食べなさい」といった言葉をかけたり、身体を使って親が先回りしたり、世話をしすぎるといった過干渉、また転んで怪我していないだろうか、いじめられていないだろうか、一人で本当に帰ってくるだろうかといった過度の心配をする、「過保護」なお父さんやお母さんが時どきみられます。一人ひとりの発達は違います。

子どもはこのような態度をいつもされると、生活習慣の遅れがめだつことになります。自分でズボンや服を脱いだり着たりするのに時間がかかったり、自分から食べることをしなかったりと「自分で○○する」という態度がなかなかできなくなります。また、臆病で引っ込み思案で親に頼ろうという依頼心の強い子になります。さらに、我慢することができなかったり責任感がもてないといった子になります。少しのことにクヨクヨしたり、砂場で砂をいじることもできないといった場合もみられます。そして、集団の中に入ることを嫌がったり、人から指図されることを避け、ひとりでいることを好むようになる傾向があります。

なぜこういった過保護になってしまうかというと、子どもの身体が弱かったり、家族構成が原因になっている場合があります。一人っ子、長子、末っ子、おばあちゃん子、女の中の男の子、といったように人間関係によって過保護になりやすいこともあります。また、のろのろした子はせわしい親から育つといったことも考えられます。さらに、子どもがなかなか授からなくてやっと授かったという場合、出産時に難産のため大変な思いで生まれた子だからといった場合も過保護になりやすいということを理解したいものです。

過保護で育ててしまった場合にこれから注意することは、**度を超した世話のやきすぎ、取越し苦労、先回りは思いとどまるといった親の態度が必要です**。また、子どもに適度の要求をして、いつまでも赤ちゃん扱いにしないことが大切です。生活の中で子どもができそうなことを見つけて手伝いをさせてあげることです。自分のことは自分で始末をさせたり、元にもどしたり、整理整頓ができるよう配慮をすることも大切です。さらに家庭にいるだけでなくさまざまな子どもたちとの接触をさせることも重要で、幼稚園・保育所の仲間や近所の子どもとの遊びを充分させてあげたいものです。年上の子や年下の子、また同じ年齢の子とも幅広いふれ合いをすることによって集団に慣れたり、神経質な部分が解消されていきます。友だちから我慢することや約束事があることを学び自立心が養われていきます。そして親としては、あまりにも子ども中心主義にならないで、夫婦には夫婦の生活もあり一人ひとりの生き方をお互いが尊重している家族だということも示していくべきです。子どもが生活のすべてといった場合の子どもの心の負担も考えたいものです。子離れについて見直すことも大切ですね。

ＦＡＸを送って頂きまして、有難うございました。思いもかけないプレゼントに歓声をあげてしまいました。先生の熱い思いが嬉しくて、保育所に持って行き、所長にも見せました。いつ頂いても何と愛の深い文章かと感動いたしました。

先生に藁をもつかむ思いですがり、悩みを受け止めて頂いたあの頃を思い出します。お蔭様でこの頃では、悩みながらもトンネルの向こうに光が見えてきたような思いです。苦しむ日々が必要だったのだと思いました。光は先生が掲げてくださったのですね。本当に有難うございました。

私に頂いた資料は、私一人にとどめず、仲間に知らせて、先生のお心が広く伝わるようにしたいと考えていますので、どうぞ、また、よろしくお願いいたします。

しつけのよい子 1

しつけのよい子とは、家庭教育によって適度に忍耐力が訓練され身についている子といわれます。しつけがよいということは、まず第一に、さまざまな出来事の中で我慢ができ、その場で自分の力を最大限発揮できる行動を身につけていることです。自分の子どもはさまざまな場面に出会った時に我慢ができるかを知らなければなりません。

1 新しい場面に出会った時に身体的、体力的に耐えられるかどうか。

2 今まで育ってきた中で適度な苦労に耐えられる体験をしてきているか（我慢をさせてきていたかということです）。

3 困難に出会った時、自分で切り開いていく知識や技術が育っているか。

ということが大切です。

最初の身体的・体力的に耐えられる生理的構造とは、おなかが空いたと思ったらすぐ食べられる、水が飲みたいと思ったらサッと与えられる、寒いと感じたら温かい暖房の部屋へ、暑い時にはクーラーのある所へといった育て方をしていませんか、ということです。適度の我慢をさせることも大切といえます。外国に行くと同じ物を食べたり、飲んだりしているのに日本人だけが食中毒になっている場合がみられます。いつもきれいすぎる場所や快適ですべてが無菌室のような状態で育てていませんか、ということです。重い病気にさせては困りますが、あまりにも神経質になり身体的・体力的に弱い育て方をしているかどうかを見直したいものです。

第二に、子どもに対しておもちゃを与えるときに我慢をさせていたかどうかということが問われます。誕生日やクリスマスといった特別な日のプレゼント以外にかわいいからと買ってあげたり、どこかに行ったからおみやげを毎回持ってきたりというように、いつももらえるのが当然といった気持ちに育てていないか、また「買って」と言われてすぐ買い与えてそのために我慢するという力を奪っていないかどうかを見直したいものです。

第三に、いやな時・嫌いな人に出会ったときに逃げてしまっていないかどうかということです。苦しい時、自分で考えて乗り切る知識や技術が育っているかどうかを親としてチェックしたいものです。困難な時に乗り切る知識も技術もないのに、「がんばれば誰でもできる」といった精神論だけでは乗り切ることはできない場合があります。自分の子どもがどのような困難に出会っているかを把握することも大切ですが、同時に知識や技術をもたせて自分の力で困難を切り開いていく勇気と知恵を授けたいものです。

幼稚園・保育所や家庭において子どもの興味・関心にそのままの形で応じるのではなく家庭でのしつけや、集団行動が出来る園という場所を上手に活かして忍耐力を身につけさせてあげたいものです。このような態度が身についたかどうかは子どもが家庭から離れた時によいか悪いか評価されます。電車の中で騒がない、食事のマナーがよい、挨拶ができる、物を大切にできる、人を大切にするふれ合いができるなどに始まって、新しい場面で我慢ができ適応する力があることです。小学校に入った時や新しい体験をする時に我慢ができ楽しく行動する生き方ができることです。小さい時から大人になるまで家庭では我慢をさせたりマナーをしつけたりすることが重要となります。大学生や社会人になっても我慢ができず自分勝手な行動をする人はよいしつけを受けたとは思えません。答えは将来の結婚生活で明らかになってきます。幼児期の困らせ上手なしつけが今問われているといえます。

しつけのよい子 2

親から愛情をいっぱい注がれた子は人間としてたくましく生きる力をもっています。赤ちゃんの時に親から愛されることで信頼感を肌で感じ、人への安心感、温かさを身につけ、幅広い生き方をしようとします。この様な基本的なふれ合いのもとで子どもは自分で生活する知恵を身につけていきます。しつけのよい子は、さまざまな環境の中で我慢し自分の力を最大限発揮します。子どもがイライラし、苦しんでいるときに抱きしめてあげることが重要といえます。友だちとの関係でうまくいっていない時、疲れ果てている時、興奮している時、子どもを落ち着かせるにはやさしく、しっかりと抱きしめてあげることです。子どもは抱かれたり、肌と肌のふれ合いをとおして自分は「受け入れられている」「認められている」と感じることができます。この時にイライラしたり苦しい気持ちになった原因を忘れ去ってしまう場合もあります。親自身が肌と肌のふれ合いを避けて育てられたために子どもにスキンシップをすることが下手な場合もみられます。しかし、親がそっと抱きしめたり、絵本を読んであげたり、昔話を布団の中でしてあげるというスキンシップをすることにより、将来その子も自然に人とふれ合う態度が身につくようになります。

赤ちゃんの時期を例にすると、オムツを替える時に黙って替えていませんか。ミルクを飲ませる時に黙々と与えていませんか。服を替える時に急に脱がせていませんか。赤ちゃんは何も言えません。黙ってオムツを替えられたり、ミルクを与えられたらどんなに不安な気持ちになるでしょうか。また品物のように扱われたら人間としての心が育つでしょうか。親からオムツを替えてもらう時に肌をさすってもらったり、歌を歌ってもらったり、声をかけてもらうことにより自分は愛されていると感じるのではないでしょうか。ミルクを飲むときに「おいしいね」と言われれば、お腹が空いた時に生きている喜びを味わうことになります。幼児や小学生になっても子どもは親から愛されていたいと感じ、愛されていることが生きている喜びに結びつきます。親から無条件の愛情を受け、本当に愛情のこもったスキンシップでふれ合うことができている子どもには、時には厳しく責任をもった行動をとるようにしつけることもできます。また「自分で○○する」という判断力を与えることも可能になります。

今、自分のことだけできればいいという生き方だけでなく、相手の立場になった行動ができることが求められています。人を愛せるということは、自分が愛されていなければできないのです。**乳幼児期に愛されているという感覚が育っている子どもは、相手のことも大切にしながら自分のやりたいことも主張できるのです。**言葉だけの愛し方だけでなく態度で示すことも重要なことがあります。大きくなってからのスキンシップはむずかしいものです。小さい時からの愛情の示し方を工夫し、子どもが自分で行動したり、判断したり、見つけたり、選んだりする力の基を大切にしたいものです。

幼稚園・保育所の先生は、時には手を握ったり、肩を抱いたり、ひざの上に乗っけたり、髪をそっとなでたり、握手をしたり、ほめたり、叱ったりして「あなたのためにたっぷり時間をとっていますよ」といった保育をしています。この幼児期に先生から愛されたり、友だちに認められる体験が将来、主体性を大切にして生きていくことができる基礎になります。できるだけ多くの大人や子どもたちから愛されているということが感じられる園にしたいものです。

子どもが学校に行ったあとの部屋から

子どもの行動の中で「なかなか自分から片づけない」「大声を出してやらせようとしているがちっとも言うことを聞かない」という相談がありました。そこで「子どもの使っている実際の部屋はどのようですか、見せてもらえますか」と言うと「一度見てください」という応えがありました。そこでその子の使っている部屋に入るとカバンは放り出したまま、ズボンは脱いだまま、テープレコーダーのふたは開けたままという状態でした。「他には気になることはありませんか」と言うと「お金にルーズで困る」ということでした。このようにいくら言っても片づけない、やらせているがだらしないという相談の中で見直したいことがあります。それは、このような状態に育ててしまったという意識がないことです。その部屋は大人の都合に合わせた環境になっていました。それは子どもの立場ではなく、大人の立場から机や棚や押し入れが並べてあり、子どもの目や耳や手、足を考慮していないということです。この部屋の環境は、子どもから片づけたくなるというものではありませんでした。ベルトが投げ出してありましたが、もしベルトやカバンを掛けるようなフックがあれば掛けることができます。

しかし、環境を準備したり、見直すだけでは簡単に自分から片づけることにはなりません。片づけやすい部屋と同時に片づけたくなるような言葉かけも大切です。いつも大声で「片づけなさい、早くしなさい」といった言葉を受けていれば自分から片づけようという意欲には結び付きません。よいところを見つけて「今日はきちんとたたんであったね」「前に比べると靴をしまうことが上手になったね」「本やノートがそろえてあって気持ちよかったよ」と、そこを具体的にほめることが大切です。しかし、なんとかさせよう、といった気持ちが強すぎると片づけていない部分ばかりが気になり、ついい何度も言ったり、しまいには大声を出してしまいます。しかし本人は言われることに慣れてしまい、自分から片づけたり、元にもどしたりしないでそのままの状態が当たり前になってしまうのです。

主体的とは「ある活動や思考などをなす時、その主体となって働きかけるさま、他のものによって導かれるのでなく、自己の純粋な立場において行うさま」と『広辞苑』に説明があります。当然、家の中や学校、社会での自分の好き勝手な行動は許されるものではありません。自分から片づけるという主体性をもつことは、やらせるだけでは身につきません。また、放任していても自分からできるようにはなりません。**子どもの能力や生活など発達に合った環境を準備し、大人はやりたくなるようにわかる言葉を使い説明し、時には一緒に片づけ方を示したりすることが大切です。**そして、子どもが自分のやり方で片づけることができるようになっていることを大人は見つけることが重要です。片づける中で他の人とは違った片づけ方、もどし方、区別のしかたを工夫している時に主体性が芽生えているのです。将来、さまざまな困難に出会っても自分で考えて乗り越える生き方ができる芽を見つけたいものです。

いつまでも私達の事を気にかけていただき本当にありがたいと思っています。先生から届くFAXはいつも、自分が思っていたり、答えが欲しいような時に「これだ！！こういう風に思えばよいんだ」と何かスッとするような内容ばかりです。もちろん保護者に伝えていかなくてはならないのですが、自分の子育てにも相当に役立つものばかりです。

「なぜ過保護のしつけが子どもの心を育てないのか」という内容も大変わかりやすく、自分の保育所の保護者（もちろん自分もふくめて）にもあてはまる親がいたりでこれからの保護者との会話の中に少しずつ（自分のものにしてから）入れていきました。自分の子育てにも大変自信をなくしているこのごろですが、先生からのFAXは、本当にうれしいです。

II　発達を援助する

子どもの発達を助けるとは

子どもを理解するとは子どもの発達を理解することです。その子どもの発達は認知能力と自我能力に分けられます。認知能力は知識として考えて知ることや考えて判断する能力のことです。自我能力は現実処理能力といわれ、困難に出会っても避けるのではなく自分で切り開いていく能力のことです。三歳は三歳なりに五歳は五歳なりに能力をもっているかどうか判断することが発達していることの基準の一つといえます。知識だけでは発達しているとはいえません。この発達を助けるのが教育であり、しつけといえます。

知識や技術だけを早くつめこんだ早期教育の批判がされています。将来の地球は物がなくなり大変な世界になることが予想されます。知識や技術を高めることも大事ですが、物が無くなってしまった時に知識だけでは困難を切り開いていくことはできません。知識だけでなく対応する力をもっているかどうかにかかってきます。その時に「自分勝手な生き方をするのではありません」といった教育やしつけが大切となります。自分勝手な生き方ではなく周囲の人や物を大切にすることです。今までの自分さえよければいい、家族さえ、地域さえ平和であればいいといった生き方から地球規模で考える時代に21世紀は移り変わってきています。そのような時代に自分で困難に立ち向かうという力である「現実処理能力」をつけてあげられる親でいたいものです。また、そういった教育をすることが本物の幼稚園・保育所ではないでしょうか。自分さえよければいいという生き方から脱却するには「困った」という体験をどのようにさせるかということです。人生は自分の思いどおりにはならないつらいことの連続で、それを乗り越えて生きていてよかったと思えるのです。物がありすぎたり、考えなくても答えがでてきたり、人まかせでなんとかなるだろうといった生き方はこれからは通用しません。過干渉・過保護にならないように物を与えるときは注意し、言いすぎるしつけは生きていく知恵をなくしてしまうということを肝に銘じて気をつけることです。

自分で考える、自分で答えを工夫する、自分で判断する、自分の力で推理する、自分で選択するという生き方が21世紀には求められます。そのために園では自分の力で工夫する生き方として創造力を大切にしたいと考えています。感性を磨くという教育も大切となります。きれいなものを見てきれいと感じる力、すばらしい音を聞き分ける力も大切となります。それには園にいる友だちや先生と感性を磨いたり、物を大切にしたり、人へのおもいやりを身につけることが重要です。子どもたちは周囲にいる友だちや先生、お父さん、お母さんや近くにあるおもちゃや物、そして出来事とのかかわり、相互作用によって変化していきます。その変化が「子どもの発達」なのです。子どもの発達は教えこんだり、何でもたくさん与えるというものではありません。一人ひとりの考え方、とらえ方には個人差があり、言葉なら言葉だけが発達するものでもありません。言葉は聴いてくれる人がいて発達するというようにさまざまに絡み合って子どもは発達するということを忘れないでいたいものです。

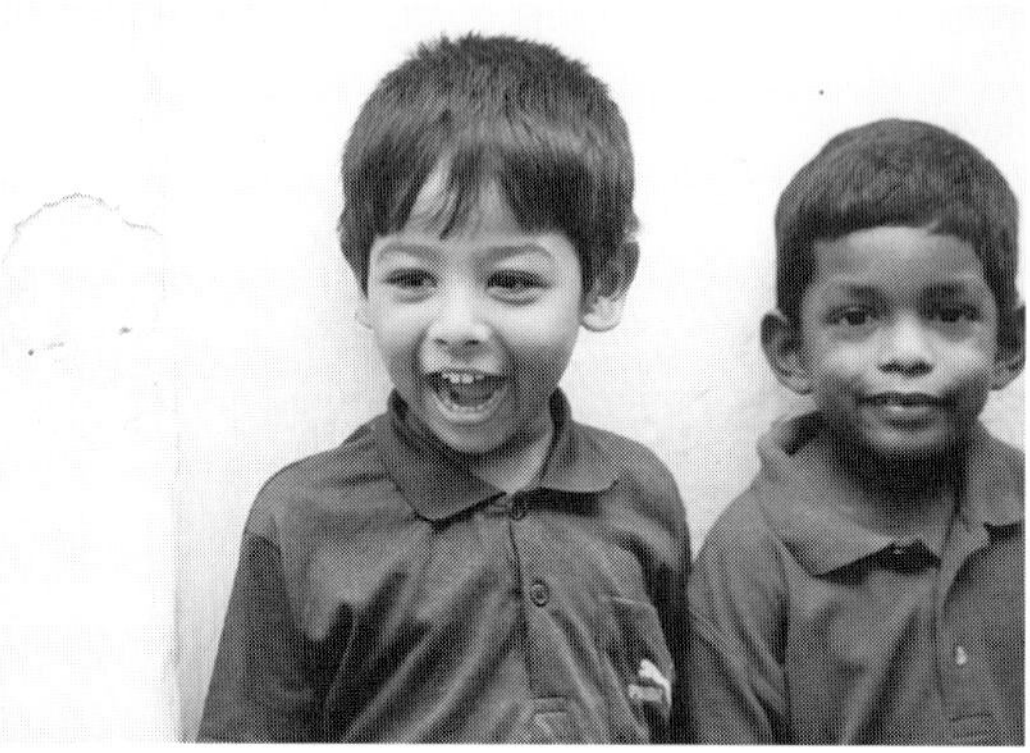

送迎は素敵な笑顔で

四月は入園・入学の時期ということで母親と子どもが一緒の姿が多くのところで見られます。通園バスから降りてきた子どもを今にも涙を流さんばかりに迎えているお母さん、ニコニコと笑顔で迎えているお母さん、おかえりと大きな声で言葉をかけているお母さん、「今日は泣かなかった？」とすぐに問いかけているお母さんなどようすはさまざまです。子どもを初めて幼稚園に入園させた時は期待と不安でいっぱいと思います。一方で、二年目、三年目になると安心して四月を迎えられたことでしょう。わが子の最初の日のようすを脳裏に焼き付けていただきたいものです。ニコニコとバスに乗った子、心配したもののまったく泣かないでバスに乗る子に驚いたお母さんもいたと思います。反対に泣かないと思っていた子が大泣きしてびっくりしたお母さんもいたと思います（幼稚園でも予想していた子が泣かなかったり、泣いたりと記録を取りながら話し合っています）。わが子の最初の日の行動が卒園する時には大きく変わっていくことを楽しみにしていてほしいものです。子どもたちは「幼稚園はどんなところかな、先生はやさしいかな、友だちは怖いかな、何かおもしろいことあるかな」などさまざまな期待と不安で入園してきます。このような子どもたちが「泣いてはいけません。トイレも失敗しないでね。ケンカしないように。いじめたりしないようにね」と言われすぎたらいったいどのような気持ちになるでしょうか。「泣いてはいけない。トイレも失敗しないように。ケンカしないように。先生の言うとおりにしなければならない」と、緊張でいっぱいの一日を過ごす子どももいます。

子どもにとって幼稚園の入園のころは「真っ暗やみ」の状態と一緒です。友だちや先生の名前もわかりません。トイレも家と大きさも使い方もまったく異なっていてどうしようといった状態です。靴箱もどこに入れたらいいかわからない。このような不安でいっぱいの心で行動していることでしょう。**不安な時に「がんばって幼稚園に行きなさい」といった言葉をかけられても、どのようにがんばればいいのか理解に苦しんでいる子どももたくさんいます。**また、お母さんがバスから降りたときに泣き顔で迎えていると自分も泣きたくなってしまう子どももいます。泣いて嫌がる子どもには、家庭ではまず「おおらかに」見守ってほしいのです。家庭で子どもが帰って来るのを待っている間「幼稚園で泣いていないだろうか。トイレは上手に使えたかしら。ケンカしなかっただろうか。いじめられていないか。返事はちゃんとできているだろうか。先生や友だちにきちんと話ができているだろうか」と心配しすぎないでほしいのです。そのような気持ちはバスから降りたとたんに「今日、幼稚園どうだった？　泣かなかった？　オシッコ大丈夫だった？　…」といった態度に表れてしまいます。このような母親の態度によって園にいる時にはオシッコがんばらなければならない、泣かないようにしなければならないといった気持ちをもち続け、子どもは疲れてしまいます。母親の心配や期待が園での行動に多くの影響を及ぼすことがあります。子どもを送迎する時はニコニコした笑顔で「行ってらっしゃい」「おかえりなさい」「お疲れさま」といった気持ちで、帰ってきたら優しく手を握ってあげて一日の疲れをいやしてあげてください。そして次の日も幼稚園に行きたくなる雰囲気を作ってあげてくださいね、お母さん。

主体性を大切にする生き方

主体性とは、『国語辞典（小学館）』によると「自分の考え・立場をちゃんと持って、他に影響をおよぼすこと」といった記述があります。このような主体性を大切にした子どもへのふれ合いをしているでしょうか。家庭でも学校でも幼稚園・保育所でも自分からできるように、言えるようにといった子どもの「自発性」を大切にし、ふれ合いをしてきたと思われます。しかし、ここでは「相手の立場になって言葉を発したり、行動したりする」ということができていなければなりません。自分勝手な言葉でもって相手を傷つけたり、自分さえよければいいという行動をすることではありません。相手にとって悪い影響を与えたり、社会の中で好き放題な行動をしてもいいというのではありません。家庭でも園でも将来の生き方を左右する子どもの主体性を大切にふれ合うということです。

親として子どもへの働きかけをする時に、子どもだから「こうだ」また、「当然だ」と決めつけて接していないか見直したいものです。

例えば、五歳児がお母さんの顔を描いている時、髪の色を何色にしようかと考えていました。そこで、お母さんは「髪の色は黒でしょう」と言って子どもが描こうとしている色を取り上げてしまいました。子どもは「黄色にしようか、茶色にしようか、青にしようか」と迷っていたのでした。お母さんは「はい、黒色で全部塗って」と言いながら髪の色を塗らせていました。そして、次に、顔の色を迷っていると「肌は肌色でしょう、そんな白い肌おかしいでしょう」と言って白色のクレパスをとりあげました。「はい、こうやってきれいに塗るの」と言って手をかけて塗らせ始めました。そして次に、目の色を何色にしようかと迷っていると「目の色は黒でしょう」と言って黒色で目を描かせました。

子どもは自分で髪の毛は何色にしようかと考えたり、顔の色は何色かなと推理したり、目の色はどんなかなと見つけようとしていたのです。しかし、この子の母親はすべて「髪の色は黒、肌は肌色、目は黒」と決めつけて子どもの考えを受け入れようとしませんでした。子どもはしかたなく母親の言うとおりに描いて終わりました。母親は自分の思った色を使わせて描けたと満足感に浸っていました。この親と子のようすをどのように考えますか。時どき、このような場面を見かけることがありますが、この「主体性」という言葉を大切にしているでしょうか。母親として知識を与えればいい、形を教えればいい、色を使えればいいといった考えで接していないでしょうか。子どもは「自分で考え、自分から選び、工夫をして描こうとしている」状況でした。また、このような時は子どもを受け入れるこ

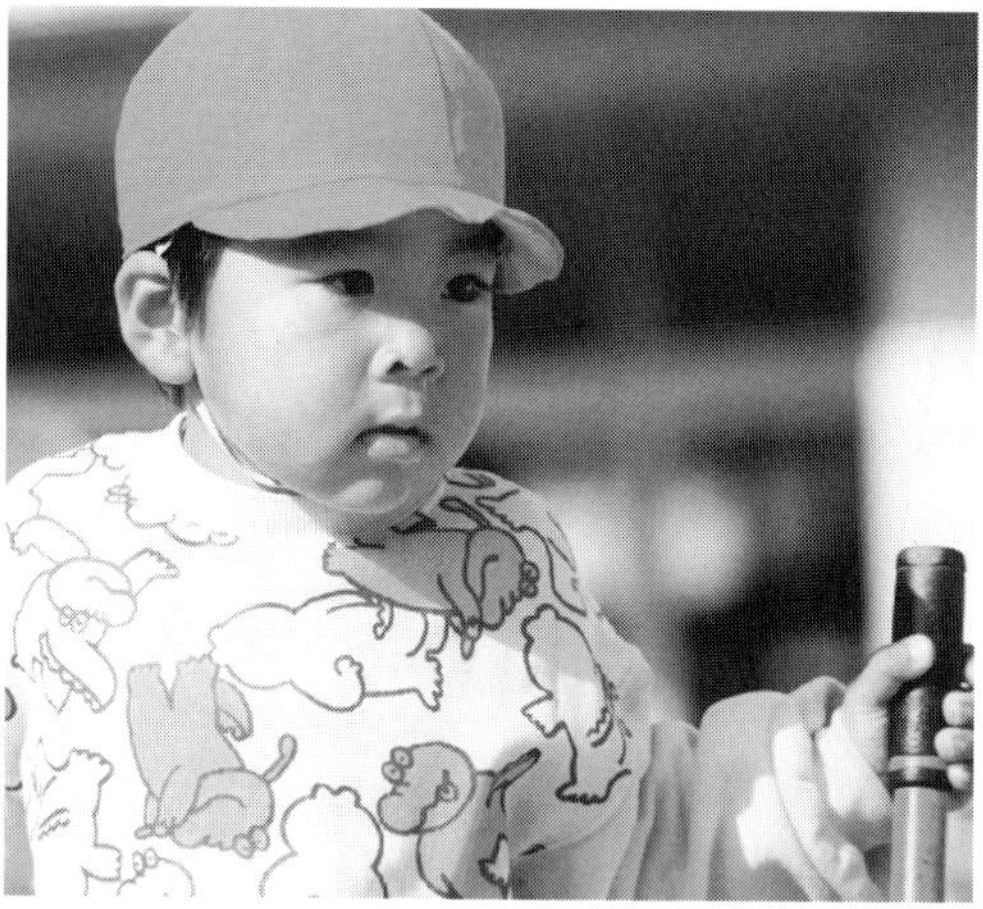

とが大切です。さまざまな体験をとおして子どもは将来、辛い時には自分で工夫したり、何か考えなければ生きていけない時には自分で見つけていける知恵が湧いてくるのです。子どもが主体的な活動をしている時を見わけられる目をもちたいものです。

自分から話ができる子に

言葉の遅れている子どもをもった母親が、子どもに「話をさせたい」と一生懸命に働きかけをしている姿には感動を覚えることがあります。しかし、この一生懸命に働きかけることがまちがっていても母親は気づかない場合もあります。特に、「たくさん言葉をかければしゃべれるようになりますよ」「どんどんわからせてしゃべれるようにがんばってやってみてください」と相談した相手から指示された場合ほど問題となります。それは話せるようになることが遅れるだけでなく、性格や能力として「自分から行動する」という自発的・自主的な行動ができず、言われないと考えたり行動しようとしないといった、さまざまな状態が起こってきます。

五歳の女児で言葉の理解が遅く、発語もハッキリしない発達の遅れがある子をもつ母親から「自分から話すことができる」しつけを教えられました。「今までどのような態度で子どもさんの言葉を伸ばそうとしていましたか」という問いに母親は「リンゴを見せて、『ハイ、リンゴ、リンゴよ。リンゴと言ってごらん。大きな声でゆっくりと一つずつ言って』と働きかけていました。一生懸命しているのですが、なかなかリンゴと言えなくて困っています」と答えられました。このような働きかけから子どもは物を目の前に見せられて理解して、すぐにリンゴと言えるでしょうか、また、覚えるでしょうか。母親から子どもへの働きかけですぐに言葉としてリンゴを理解し、発語し、獲得することができる子もいると思います。しかし、多くの子どもは、しゃべることを嫌がったり、劣等感を感じたり、考えようとしなくなったりしていると思います。

言葉は話したい相手がいて話したくなり、話したくなる事物があって話がはずみ、知りたくなる物があって調べたくなる。

この母親の話を見直すと、自分からリンゴと言いたくなる環境や働きかけをこの子は受けてはいませんでした。リンゴがおいしいと感じ、食べたくなってリンゴを知り、リンゴの形を理解したり、リンゴの色が赤や黄色や青とさまざまあることを把握したり、甘い匂いに気づいたり、ツルツルした肌ざわりを感じたり、ずしりとした重さに気づくことがあって…リンゴと言いたい気持ちになり「リンゴ」という言葉に結びつくのではないでしょうか。しゃべらせようという態度で接する前に、子どもの目になって見たり、手になって触ったり、口になって味わってみたりしたうえで、子どもがおいしいと感じるようにリンゴジュースを造り、おいしいねと一緒に飲んでみたり、うさぎの形に工夫したり、リンゴの料理を工夫して与えることによって「リンゴ」と言いたくなる雰囲気をつくることです。

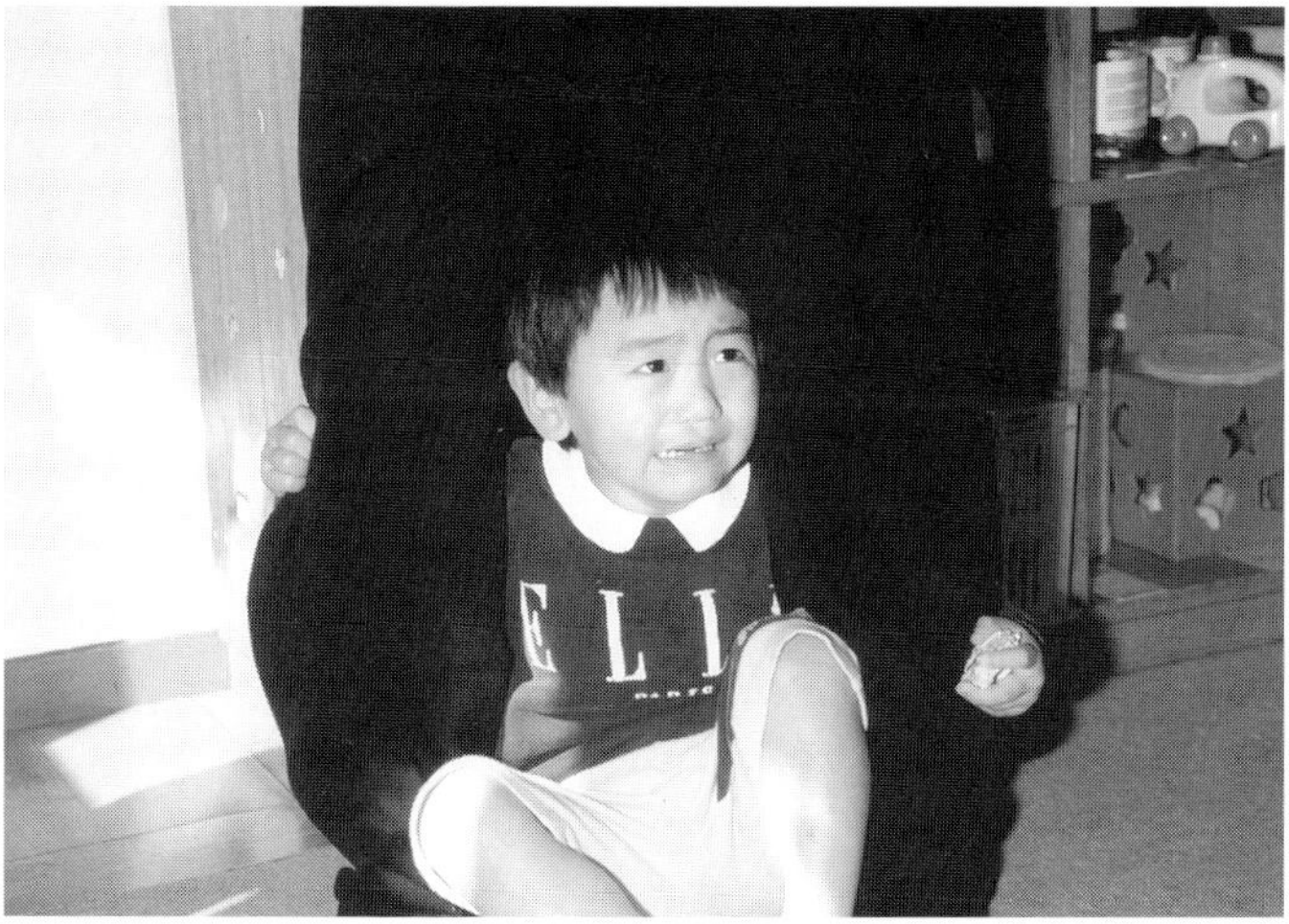

子どもの能力に合わせてリンゴと言いたくなるあたたかいふれ合いを大切にしたいものです。

困った体験そして我慢する力

社会人となり仕事を始めたとたんに「もう、合わないからやめた」、学校の先生に叱られ「もう、行きたくない」、友だちに一言文句を言われ「もう、一緒に遊びたくない」「もっと簡単に勉強できるようにならないだろうか」「ケンカしたからもうあいつのいる学校には行きたくない」。このように疲れたからもうダメ。文句言われたからおもしろくない。負けたからもうしたくない。できないからやりたくない、とすぐやめてしまう子どもや若者がみられます。体力がなくすぐ座りこんでしまう子どもたちも見られます。

こういった子どもたちの態度を見て私たち親として反省することがたくさんあります。

一つは子どもとのあたたかいふれ合いが大切なことを理解してはいるものの、どのように接したらよいか混乱をしている場合があります。物を与えすぎたり、言うことを聞きすぎたり（例えば、暑いからとすぐにクーラーをかけてやる、のどが乾いたと言われてすぐ水分を与える、おなかがすく前に「はい、食べなさい」と与えるなど）して「我慢」をすることをさせていないということです。

最近、電車の中での高校生の行動を見ていて考えさせられる場面がありました。電車の汚れた床にお尻を着けて座り、その汚れたお尻のままみなが座る椅子に平気で座っているのです。体力の無さを感じると同時に、公衆の中での態度が養われていないことが気にかかりました。

また、さまざまな種類の仕事を転々として、すぐにやめてしまう若者の話題があり、耐える力がなくなったともいわれています。

幼稚園・保育所の子どもたちが成長していく中でつらい時、苦しい時に我慢することや相手の立場を考えて行動する力が育っていないと、自分勝手な行動をしていることに気づきもしないのです。

将来社会の中で忍耐したり、人間としてルールを大切にした生き方ができるためには、今、わが子に何を我慢させているかを見直したいものです。お金ですぐに解決したり、物をすぐに与えたり、手をかけてしまったり、言葉を与えすぎることによって、我慢することを体験できずにすごしてしまうのです。我慢ができるかどうかは困った体験をしているかが問題となります。しかし、「困った」という状況が理解できない子どもたちがいます。また、親としてわが子に困難を体験させることは、そういう意味では必要ではないでしょうか。

人生の中では困難なことがあり、すべて簡単に解決できない場合があります。**困って困って、困りぬいてそこで解決した時、大きな喜びにつながります。人生は大変だということを小さいときに体験**

させることが重要です。困難なことを乗り切る時に自分を見守ってくれるお母さんやお父さん、先生がいて、我慢したり乗り切るための知恵が湧いてくるのです。

家庭では、そういう意味で「困らせ上手」な親になりたいものです。

食事は楽しくマナーよく

与えられた食べ物をマナーよくおいしそうに食べている人の姿を見ていると本当に気持ちがいいものですが、食べている姿勢も悪く、暗い表情をしながらキョロキョロと落ち着かない態度で食べているのを見ると嫌な気持ちになります。食事をするときの態度が周囲の人々へ影響を与えることも理解したいものです。小さい時の食事の与え方によっては大きくなった時の食べ方にまで影響します。一生懸命に食べさせようとするあまり「もっと食べなさい」「よく噛んで全部食べないと大きくなれませんよ」「上手に箸を持って食べなさい」「おしゃべりばかりしていてはダメ」「肘はつかない…前を向いて…椅子をもっとひいて…ほら、こぼすでしょう」「もう一口、はい、ちょっとだけ…（一口食べると）食べられたでしょう。はい、もう少し、これだけ、これだけだから…（モグモグ…）大丈夫よ、○○食べたから（グェー）」と、いつもこのように食事を与えられていると食べることに嫌悪感をいだくことにもなります。子どもは食べなければならないことは知っています。しかし、いつも言われすぎれば食べる意欲がなくなってしまいます。

食事によって「食べられたという充実感、おいしかったという満足感、生きているという喜び、幸せだということを味わうこと」も大切といえます。この食事の体験は、最初に母親との暖かい、ぬくもりのある肌と肌のふれ合いである母乳によって得られます。この最初のふれ合いの次は離乳食であり、ゴックン期、モグモグ期、カミカミ期に食べられた喜びやもっと食べたいという意欲がでるような体験をしたかどうかも大事であるといわれています。さまざまな食材を工夫し味付けも配慮し「食べられてよかったね」という気持ちで言葉かけをして育てたかを反省したいものです。

母親になって、自分は何でも食べて育ったから子どもも同じようにすべてきれいに残さないで食べるのが当たり前と思う人もいます。そのような人が、肉は嫌い、野菜は好きでないといってノロノロ食べていたり、いやいや食べていたり、残そうとしている子どもに「どうして食べられないの」と、そばで見ていてイライラしているようすがみられます。食事の時「何を大切にするのか」を、今一度考え直してほしいものです。「食事は楽しんで」という言葉があるように家族で食べるときには楽しい雰囲気が大切です。「肉っておいしいなあ」「魚ってこんなにおいしい」「野菜っておいしい」と感じたり、空腹が満たされた心、そして食事の時お父さんに「こんなことあったよ」お母さんに「〇〇ちゃんと遊んだよ」お姉ちゃんに「今日何していたの」という楽しい家族の団欒が大切といえます。

そして食事として出されたものは、残さないで食べるというマナー、作った人への感謝の気持ちをもつこと、よく噛んで食べることが自分の身体には大切ということ、また食べる時、周囲にいる人々へ不快感を与えない態度を養うことも大切です。

楽しんで食べられたり、マナーよく食べることができるためには、周囲にいる大人や子どもたちがモデルになったり、楽しく食べられるよう子どもにわかる言葉を使用して会話をすることです。少しでも食べられるようになった時には「お肉少し食べられるようになってよかったね」とか「お母さんもピーマンやニンジンを食べる時は鼻をつまんだり、我慢してちょっとずつ食べられるようになったんだよ」と説明することも大切となります。また、「牛乳も前に比べると少しずつ飲めるようになったね」とか「ごはんもこぼさないで食べられるようになってお母さんもうれしいよ」といった認め方やほめ方をして共感することです。**子どもは食事をとおして物や人とかかわり生きている喜びや生きていく意欲をもつのです。**楽しい食事の場が生きる知恵を授ける場ともなることを願っています。

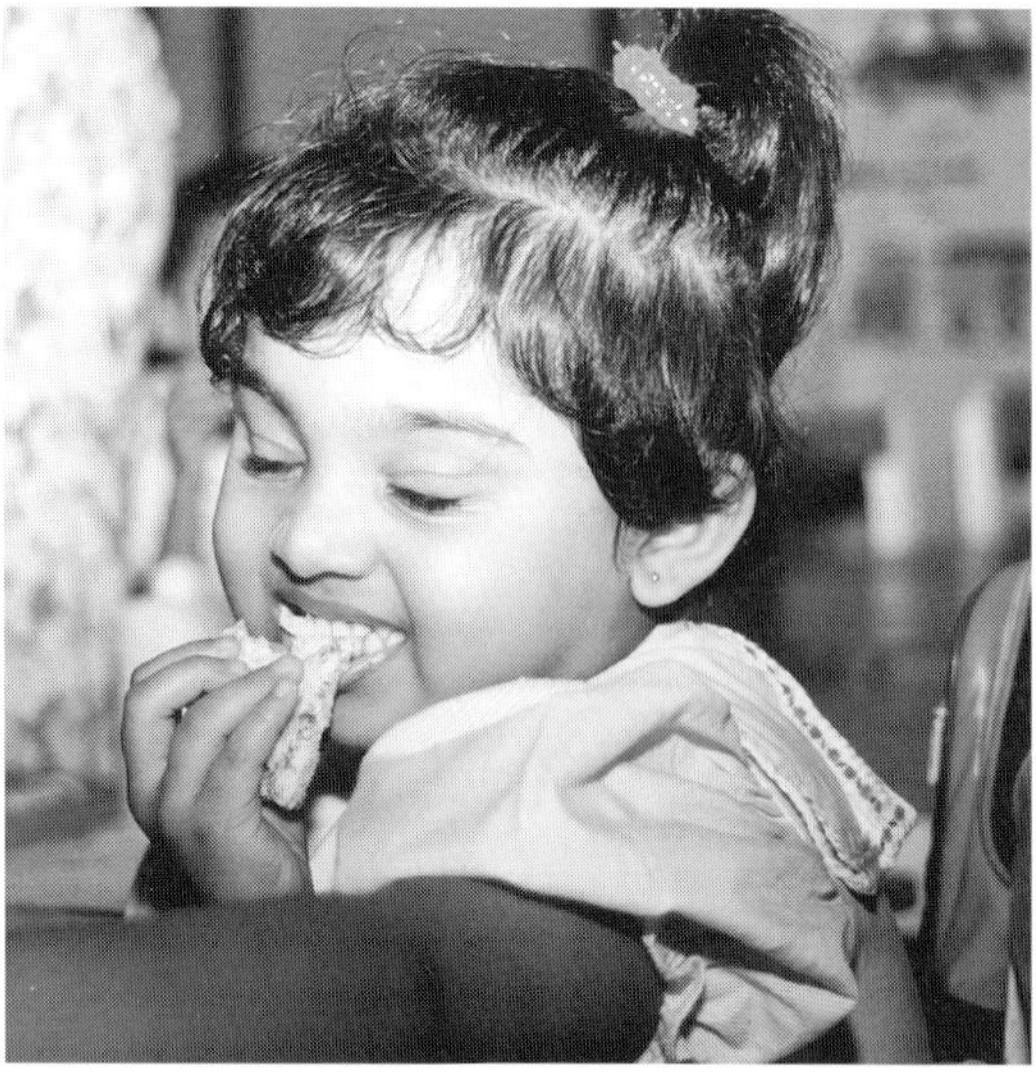

子どもからお父さんへ

「一緒にゆっくりごはんが食べたいなあ……お父さん」

「わたしの悩みを聞いて……お父さん」

「どうして叱ってくれないの？……お父さん」

「仕事の話、聞きたいなあ……お父さん」

「たまの休みぐらいゆっくりぼくと話し合おう……お父さん」

「幼稚園や小学校の時どんな子だった？……お父さん」

「お母さんと恋愛だったの？……お父さん」

「たまには一緒にお風呂に入ってよ……お父さん」


このような子どもからのサインがあると思いますがお父さんはどうですか。

学校で学ぶことよりも、もっともっとすばらしい「生きる知恵」を得られるのがお父さんからのさまざまな「言葉」です。すべて母親に育児を任せるのではなく忙しい中でも一週間に一度は「腰を落ち着けてあなた（子ども）のために時間をとっていますよ」といった態度で接するべきではないでしょうか。「仕事・仕事」と時間に追われたり、さまざまな家庭以外の「付き合い」のために家族とのふれ合いの時間の少ないお父さん。母親にすべて「子育て」を任せるのではなく、父親も「子育て」をとおして「人間としての生き方・本当の自分」を見直す時もたまには必要ではないでしょうか。

父親は社会の荒波から家族の命を護るという役目もありますが、**子どもにとっては「父親は人生の師」という言葉があるように父親の生き方をよく見ています**。そしてまねをしようとするものです。「人間は生まれて一番最初に出会う師匠（母親）と、一番最初に出会う教室（家庭）がすばらしいかどうかによって将来の生き方が決まる」という言葉に言い表せるように、子どもにとっては母親との「出会い」がまず重要といえます。

母親が無条件で子どもを受け入れ、ぬくもりのある肌と肌のふれ合い、ニコニコとした笑顔とやさしい言葉を与え、子どもは愛されているということを味わうことになります。そして乳児は心が安定して「アーアー、ブーブー」という発語を始めます。またそれに対してやさしく同じように受け応えする母親によって乳児は人を意識しはじめます。このようにして人を意識すると同時に「言葉」を獲得していくのです。つまり、言葉と人間関係が発達していくことになります。「人間は人間の社会をとおして人間となる」という言葉が出てきます。

父親は最初の教師には、なかなかなれませんが最初の教師の母親を支える「教室」のような環境を整える大切な役目があると思います。

母親の体調が悪かったり、夫婦の仲がうまくいっていなかったり、家族の中でイライラしたり、クヨクヨと神経質であったら子どもはいったいどのような状態になるかは明白です。

父親として、母親が子育ての中で「ゆったり、おおらかに」子どもと安心してふれ合うことができるような家庭をつくることが大切です。

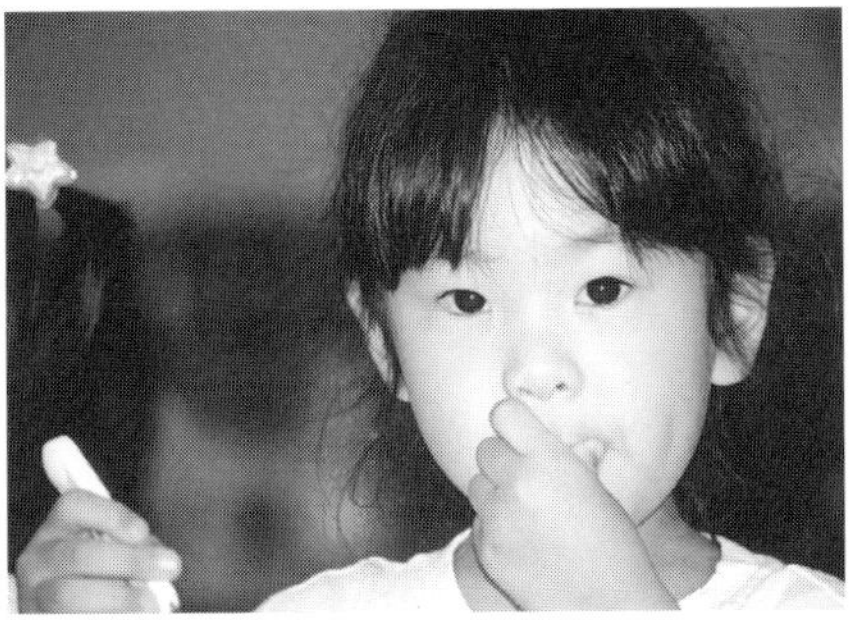

子どもに多くのことを要求していませんか

テレビ、新聞、ラジオ、雑誌から子育て、学校、幼稚園・保育所の生活についてさまざまな情報が毎日あふれています。最近はいじめ、自殺、不登校、勉強、進学のことなど多くの問題がとりあげられています。子どもを取り巻く社会の中では親の勉強、進学、就職、人間関係についての考え方が子どもに大きく影響していることは言うまでもありません。

親の考えによって子どもの生き方が左右される時「早く何でもできる子、みんなと同じ行動ができる子、人前で自分を主張できる子、リーダーになれる子、算数、国語、体育も全部百点をとれる子、ケンカをしない子……」といった大人・親の側の勝手な（？）考えで「望ましい自分の子どもの姿」をとらえて、それを自分の子どもの能力や生き方をまったく考えないでおしつけてしまったら一体どのようなことになるのでしょうか。

本当に能力のある子にとっては、すばらしい体験となりますがそれは一部分の子どもだけあってすべての子どもにはあてはまらないことがあります。基本的には、社会という荒波の中で「たくましく、人や物を大切に生きていってほしい」という親としての願いがあります。

卒園を控えた年長組の子どもをもっているお母さんやお父さんたちにお願いしたいことがあります。一つ目は「友だちをたくさん作ってね、それも百人できるかな…」といった働きかけではなく「一人でいいから一緒に泣いてくれる友だちを見つけてね」といった、一緒に泣いてくれたり、悲しんでくれたり、怒ってくれたり、喜んでくれる、自分のことを受け入れてくれる友だちを一人でいいから見つけるような働きかけをしてほしいのです。周囲の子どもたちの中から、園の友だちの中から、遊んでいる仲間の中からそんな一人を見つけることだと思います。友だちがたくさんいることも大切と思いますが、心の交流をもっていることが将来、困難に出会った時にそれを切り開いていく力になります。

二つ目は、「一つでいいから得意なこと、よいところを言ってくれる友だち、そして親、先生でいてほしい」と思います。すべて、百点、算数も国語も体育も音楽もといった子も時どきいると思いますが多くはそうではありません。したがって親として「生きている喜び」をわが子が味わい、つらい時自分で切り開くための自信をもたせるために、一つでいいから得意なこと、漢字なら得意、絵を描くことなら負けない、たし算なら絶対負けない、鉄棒なら一番、食べることなら何でも食べられる、縄跳びなら負けない、大きな声なら一番……。さまざまな活動の中で一つでいいから自分は得意なこと、好きなことをもっているということを気づかせてほしいと思います。つらい時でも生きている喜びを味わうことによって、認められているという自信、受け入れられているという安心感から耐える力、そして生きていたいといった心をもち、いじめられたりしても死ぬことはないと思います。親や先生、友だちに愛されているという感覚から生きる力を得られるのです。「生きている喜びを幼稚園・保育所時代に全員の子どもたちが感じてくれたら…」と思います。

「やってみたい」という気持ち

子どもの活動を見ていると、一人でじっくりあそんでいる子、母親が一緒でないと行動できない子、興味がなくボーっとしている子、次つぎとおもちゃを取り出して一つの遊びが続かない子などさまざまです。親としては自分からおもちゃでじっくりと遊んでくれれば心配ないが、遊べない子にはどのような働きかけをしたらいいか迷います。高価なおもちゃを買って与えてもしばらくすると飽きてしまうことも経験していると思います。友だちが持っている物を欲しがり与えても長続きしない場合もあります。教育的に必要と置いても自分からは触らないこともあり親として考えさせられます。自発的にかかわるためには**子どもの「目、耳、手、足」になってみることも大切で、今どのようなことに興味・関心をもっているかを理解することです。**お父さん、お母さんが子どもにおもちゃを与えたりする時、ただ高価なものを与えるというのではなく、子どもが「なんだろう？　おもしろそうだな、やってみようかな」といった興味をもつものを考えてみましょう。次のようなある先生の姿がありました。子どもたちに示す時の参考にしていただければと思い紹介します。

先生が三歳児の子どもたちに紙芝居を読む時に両手をハサミの形にし蟹になったふりをして「これ、なにかな」と言いながらチョキチョキと指を動かして子どもたちの前を横切りました。椅子に座っていた子や周囲でフラフラしていた子が先生の方を見つめました。子どもたちの中から「カニさんみたい」という声、「そう、カニさんみたいだね、どこにいくのかな」と言って部屋のすみに置いてあるロッカーの近くまで横歩きをしました。椅子に座っていた子も周囲をふらふらしていた子も先生が何をするのか、次にどのようになるのかと注視しました。先生が「何が置いてあるのかな」とチラッとロッカーの上を見ると、子どもたちも不思議そうに見ますが何かは理解できませんでした。先生は横にしてあった紙芝居を少し立てると子どもたちの中から「紙芝居みたい、紙芝居だあ」といった声があがり「そう、紙芝居だね。見る？」との問いかけに子どもたちから「見たい、見たい」といった声があがりました。

この先生は紙芝居を見せる時、ある場面では机の引き出しに隠して「チチンプイプイ…チチンプイ…紙芝居よ出てきておくれ」とまじないをかけたり、紙芝居を両手に持って「アレ、紙芝居がなんか言ってる」とチラッとカバーを動かし、あたかも生き物のように示し、紙芝居に子どもたちが「オヤ？」「アレ」「おもしろそうだ」「次は…」といった自分から興味をもちかかわりたくなる示し方を工夫していました。

お父さんもお母さんも子どもにおもちゃを与える時、能力にふさわしい物を選ぶことが大切で、子どもの目や耳、手、足になろうといった気持ちをもつことです。やってみようといった気持ちになる言葉かけを工夫することも重要といえます。

倉橋惣三氏の言葉より

「喜びの人は、子どもらのための小さな太陽である。明るさを分ち、暖かみを伝え、生命を力づけ、成長を育てる。これに反し、不平不満の人ほど子どもの傍らにあって有毒なものはない」

倉橋惣三氏のこの言葉を読んだ時、子どもの前に立った人の態度や心が子どもたちにさまざまな影響を与えていることを理解しなければならないと思いました。教師であれば「不平、不満をもって教育していたら、一体どのような心を子どもたちに植えつけてしまっているのだろうか」、保育者であれば「本当の暖かみのあるふれ合いをしているだろうか」、母親であれば「子どもにとって生きる力を育てる環境になっているだろうか」といった疑問がわいてきます。

子どもの前に立つ保育者を見る機会の多い中で、「幼稚園・保育所の先生は自分の天職、生きる喜びである」といった態度、「子どもと一緒にいるだけで幸せ」といった感謝をもって子どもの前に立っている先生を見ていると、心から子どもたちが慕って「一緒にいたい、一緒に遊びたい」といった雰囲気が感じられます。園で保育することに喜びを味わい、子どもといる幸せを味わい、感謝を忘れない先生はいっぱいいます。そんな先生たちは子どもにとって「初恋の人」になっていると思われます。しかし、「時間さえすぎればいい、私は子どもが本当は嫌いだがたまたま保育の世界に入った」という態度の先生を見ていると子どもたちは近くには寄り付いてきません。子ども自身は「喜びの人」を保育の場面で判断していることになります。そのような「喜びの人」また反対に「自分のみが大切だ」といった先生の生き方が見られるのが「保育室には鏡がある」といった状況ではないでしょうか。

また、母親であれば、「子をもった喜び」に満ちあふれている人ほど子どもは幸せとなり、子ども自らも人に対して人を愛する態度が育つことになります。しかし、子どもをもって大変だ、失敗だったという気持ちで子育てをしていたらその気持ちは、将来の生活の中で不平、不満の生き方を子どもにさせてしまうということになりやすいのです。

自分の周囲の人々の悪い箇所ばかりを見つけたり、人に指示、命令ばかりをして自分の主張だけを相手に認めさせることにとらわれたり、自分の弱さをいつもだれかに訴えたり、人と出会っても自慢話とグチを多く言う、さみしい人となってしまいます。

不平・不満をもち仕事をしていると、上司の悪い箇所をいつも追求したり、見つけたときには鬼の首でも取ったかのごとく大騒ぎをして、自分の弱いところをかくそうとする、悲しい生き方となってしまうのです。いつもできない夢を追い求めすぎて自分の足元を見れず、すぐ職を変わったりして落ち着きのない生活をしている状況が見られます。子どもの前、人の前で「喜びをもち、感謝を忘れないで、生きる」そのような人になって周囲の子どもたちと共に「生きる喜び」を分かち合いたいものです。

「心の基地」となる幼稚園・保育所

悲しい時、嬉しい時、悔しい時、困った時など誰かに話したい、打ち明けたいことがあります。しかし、悩みや喜びを分かち合いたい時、誰もまわりにいない場合があります。そのような時、幼稚園・保育所を思い出して共に悩んだり喜びあったことから「困難に出会った時乗り切る」生き方ができるよう願っています。子どもにとっても親にとっても園が「心の基地」となるような場所でありたいものです。

人生は悩むことも多くあり、さまざまな喜びや苦しみもあります。園を卒園してそれで終わりという付き合いではなく、時どき先生たちに会いに行ってほしいと思います。卒園児が仕事や学校などさまざまな分野で活躍していることを大変嬉しく思い、悲しい知らせには心を痛めています。時どき懐しい顔を見せて「○○中学に入学したよ」「○○高校に合格したよ」という報告をしてくれたり、「先生、今○○を習って頑張っているよ」と元気な姿を見せてくれ、昔のことを思い出すことがあります。このような時が先生たちにとって、この仕事をしていて本当によかったと思う時です。小さい時の体験の中で楽しかったことを思い出すことによって生きている喜びを味わうことも大事なんだと感じ、次への生きる意欲に結び付くことにもなります。園で自分は認められていた、受け入れられていた、愛されていたという感情をもつことで、生きていることがすばらしいと感じて育ちます。園で友だちや先生や親、そして友だちのお母さん、お父さんとの出会いを大切に、楽しい体験を心に残して育っていってほしいと願っています。そのために先生たちは一人ひとりの発達を大切に「ほめ上手・叱り上手」を心がけて一日一日を保育しています。このような体験ができ「心の基地」となる園でありたいと願っています。

　園生活で、親にとっても、子どもにとっても心に残る楽しい体験を一つでも多く残すことができるよう願っています。さまざまな行事での友だちや年下の仲間、さらにはお父さんやお母さんからの励まし、慰め、ほめられる体験をとおして心は発達をしていきます。これからの教育は記憶すれば点数があがるというのではなく「自分で考える・自分から創造する・自分で工夫する力」を身につけることに重点が置かれるようにもなります。押しつけるだけでは「自分から○○する」という力は身につきません。**見守り、励まし、信じることによって子どもたちに生きる力とがんばる心をもたせてあげたいものです。**家庭が心の基地であるように園が子どもにとっても親にとっても「もう一つの心の基地」になりますように願っています。

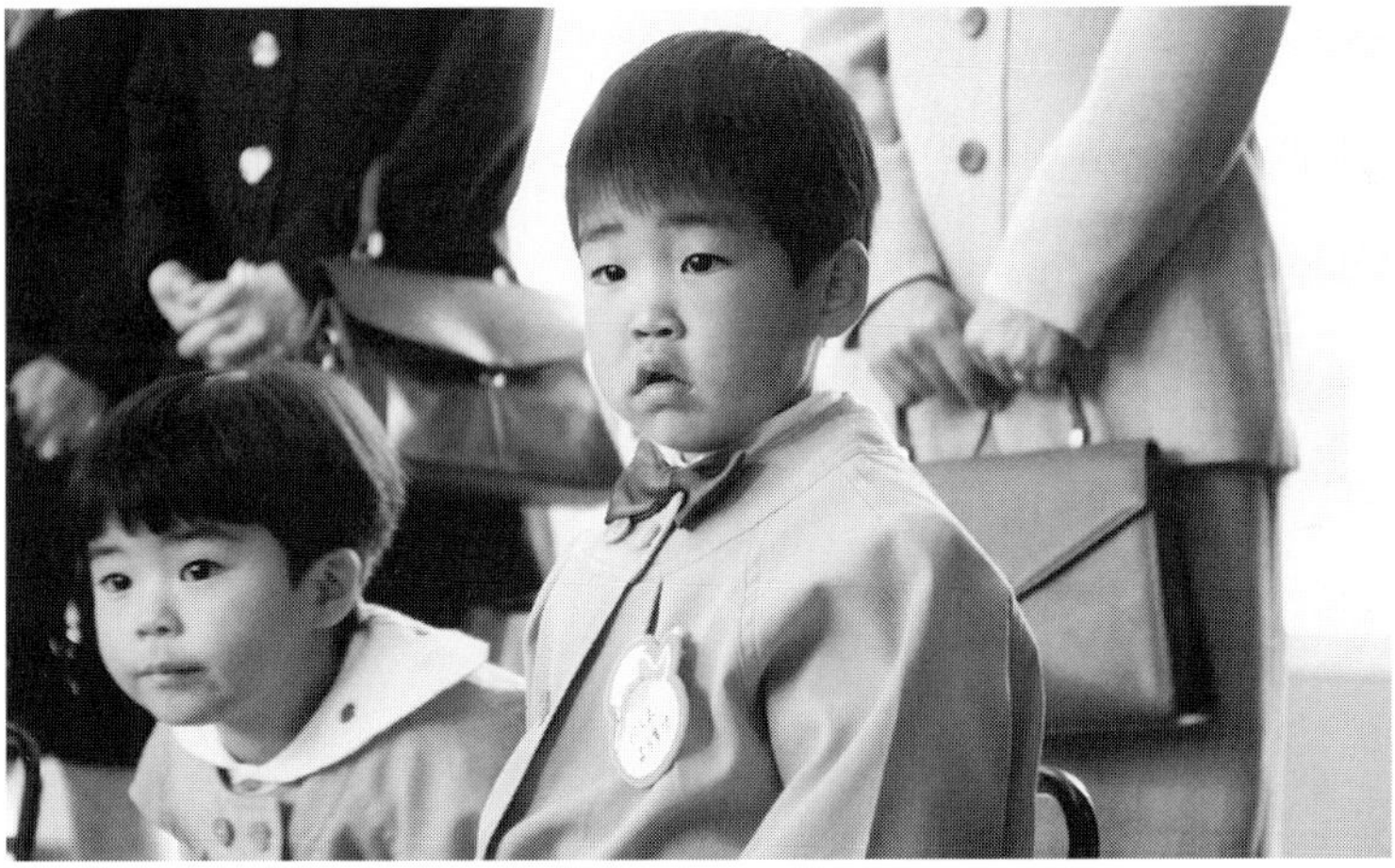

Ⅲ 個性を育む

初めてバイバイをした場面に出会って

「主体的活動の確保とは」というテーマを考える参考として教えられた場面です。

言葉が少し遅れている一歳九か月の男の子を心配したご両親が相談しに来た時のことでした。今までバイバイができない子に対して母親が「バイバイは右手でふるのよ」と教えてもできなかったのが、その日初めての場面で遊んでくれた相手に右手を握ったり、開いたりしてバイバイをしたのです。遊ぶ場所では赤や黄や青の色がついているスポンジのボールを見つけると色に興味をもったのか、肌ざわりを好んだのか触りはじめ、私がグルグルと言って回すと、はっきりではないものの「グゥル、グウル」といった発語をしたのです。さらにトランポリンに初めて乗り、手でマットをトントンと叩くと、同じように叩き、鉄琴を叩くと何度もバチで叩いて音を楽しむ姿が見られました。このような姿を見ながらご両親には「まねるは学ぶ、学ぶは創造力に結び付きますよ。熱中している姿を見るとすばらしい能力をもっていますね。よい所がいっぱいあり、信じてあげたいですね」と話しました。

やがて、三人の学生が尋ねてきたので、この学生たちにどのような反応を示すか、母親にことわって遊んでもらうことにしました。「かわいいねえ。遊ぼうか」と近づいていくと男の子は母親のほうに逃げていくのでした。そこで母親に「対人認知ができていて順調に発達していますよ」と伝え、その後、家庭で使っているおもちゃを出してもらうとトランポリンの上で安定して遊びはじめました。その遊んでいるかたわらで三人がしばらく見守っていました。トントンとトランポリンを男の子が叩いた時三人も合わせてトントンと叩くと表情がだんだんなごんできました。トントンとする回数が多くなり三人もしだいに大きな音を立てたり、揺すったりすると笑い声が出はじめました。時間になり「終わったからバイバイね」というと三人の学生に対して右手を握ったり、開いたりグッパ、グッパとするのでした。母親はそれを見たとたん「先生！　○○が初めてバイバイした。先生、したんですよ」と大声で叫び、その目にはみるみる涙があふれ流れ落ちるのでした。それを見ていた父親の目にも涙が光り、そのご両親の姿を見ていた学生たちも、自分たちの行為によって「生まれて初めてバイバイをした場面」に出会えたことに感動をしたのです。

このような場面から「バイバイはしたくなる相手がいてバイバイをする」、つまり、自分を受け入れてくれる人がいて挨拶はしたくなるものなのです。いくらバイバイは右手で振りなさいと言ってもできません。**乳幼児の主体的活動の確保とは、押しつけるのではなく「自分からかかわりたくなる環境」を準備すること、それも計画的に環境を構成することが大切となります。**この三人の学生のように「乳幼児が大好き」とまず感じ、そして、子どもの行為を見守り、受入れ、相手の動きに合わせようという心づかいをすることが重要です。

子どもを愛する時、先回って早くしなさい、しゃべりなさい、といった働きかけをするのではなく、わが子が興味・関心をもっていること、また、かかわりたくなる友だちを近くに遊ばせ見守ってあげたいものです。

「愛されている」と感じる心から

自閉症と診断をされた女の子の行動から教えられることがありました。障害児と診断をされていても周囲の人から自分は「受け入れられている」「認められている」といった雰囲気はとらえることはできる、ということでした。

障害をもっている子どもたちだけを集め、毎日、訓練や鍛練をしている障害児訓練センターの中にトランポリンが置いてあり、そのトランポリンで障害をもった子どもたちが数人一緒になって跳んでいました。しかし、その場の雰囲気はそれぞれが自分勝手にトランポリンを跳んでいて、となりの子どもには無関心といった状態でした。その訓練センターに、人間関係に過敏な自閉症と診断をされた女の子は通っていました。そのような雰囲気の中でその女の子は、ひとりでしかトランポリンを跳びませんでした。自分のそばに他の障害をもった子どもが来るとトランポリンから降りてしまう、また、他の子どもたちが乗っているとそばには近づかない態度を示していました。このような女の子が、幼稚園に二度目に来た日、ちょうど五歳の女の子がタフロープを三色使ってみつあみをしているところに母親と入ってきたのです。すると、そのみつあみをしていた女の子は「この子、かわいいねえ、なんていう名前なの」と言ってその自閉症と診断された女の子に近づいていくのでした。すると、嫌がらないでそばにいたのです。私は「Yちゃんという名前なんだよ、遊んであげてね。かわいい子だろう」と言って、「Yちゃん、おもしろいもの見えたかな」と言いながら見守りつつ距離をおき、入りすぎず、また、離れすぎず言葉をかけました。

その後、そばにあったトランポリンでは女の子が五人乗って遊んでいました。その子どもたちが「なんていう名前。かわいい子だね」というので「Yちゃんというのだよ」というと「いれてあげるよ」といって手をだすと、Yちゃんは自分から乗っていき、しばらく一緒に乗って跳んでいたのです。このような場面を見た、Yちゃんの母親は、「先生、この子は訓練センターでは、一度も他の子どもたちと一緒に乗ったことはないのですが…びっくりしました。どうしてでしょうかね」と言い感激をしていました。このことは、障害児だけが乗っているトランポリンには、自分を「受け入れてくれている」といった雰囲気が感じられず、お互いが好き勝手に乗っているという無関心、無視の状態だったからです。しかし、この幼稚園の子どもたちは「自分を受け入れている」「一人の人間と認めている」といったことを感じさせてくれたのです。そして六人で跳んでいるとYちゃんは疲れて、しばらくじっとしていると「もういいの?」という言葉を女の子がかけると「うん」といったうなずく動作をしました。そして、女の子の一人が「疲れたみたい」と言いました。そして、またYちゃんが跳びはじめると「うなずいたのにYちゃん、また始めたよ。もっとやりたいんだね」と言って一緒になって跳ぶのでした。**愛されていることを感じることによって一緒にいたくなるという、人的環境の大切さ、そして人の温かさ**を教えられた場面でした。

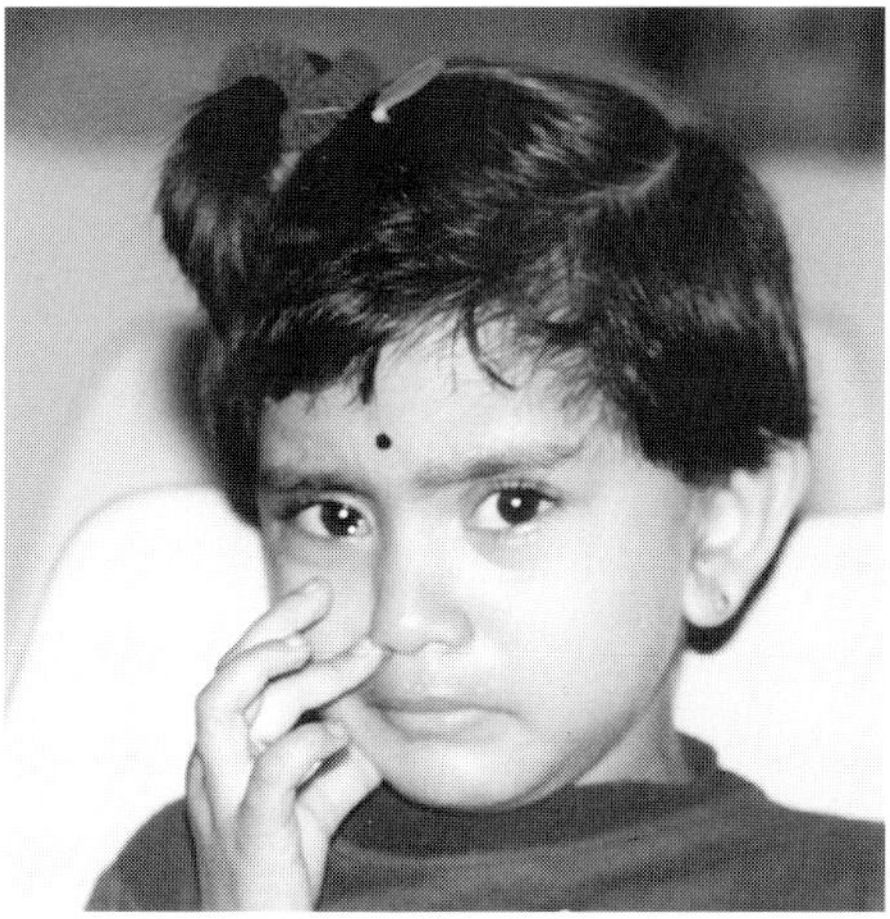

この子しか咲かせられない花を咲かせる

自分の子が何か月も入院生活をしている時、蒲団にくるまれて看護婦さんをはじめとする大人に手足を押さえられ「痛いよう、痛いよう」と泣き叫び注射をされている時に、替わってあげられることができたら替わってあげたいと涙を出しながら一緒に押さえつけた体験があるお母さんやお父さんもいらっしゃると思います。友だちと一緒に遊びたくても遊ぶこともできない状態、大好きなジュースやケーキや肉も食べられない状態、身体を動かしたくても動かしてはいけないとせまい部屋にいなければならない状態です。また、大きな手術をして水を飲むことができない時や点滴のために動くこともできない場合があります。「お母さーん、少しでいいから水飲ませて」と言われても飲ませることができないときのつらさ、「お菓子食べたい、ほんとうにちょっとでいいから」と言われて周囲にあるお菓子を見つからないようにしている時のやるせない気持ちを味わったお母さんもいらっしゃるのではないでしょうか。

このような入院生活が長く続くと「周囲にいる子どもたちから取り残されてしまうのではないか」

「文字を覚えられないのではないか」「鉄棒ができないままではないか」そして「友だちと一緒に行動できないようになっているのではないか」といった不安と焦りを覚えて早く自分の子どもも周囲の子どもと同じ生活をさせたいと考えるのではないでしょうか。また、退院をしたあと、白衣を見ただけで泣き叫び、病院と聴いただけでパニックになり、初めての場所に行くと何もしゃべらなかったり、動こうとしない状態、大人や子どもたちの中に入れず立ったままの状態が続くこともあります。

しかし、入院し手術をしたあと「ママ、お水ってこんなにおいしいね」と言ったり、退院して「ママ、お水って、こんなにも冷たいね」とか「外って気持ちいいね」といった今までとまったく異なった言葉を聴くことがあります。このような言葉をとおして、入院をしたことによってマイナスだけでなくすばらしい体験もしたのだと親が気持ちを切り替えていけたらどんなによいかということです。

入院したことをマイナスにとらえると、母親として不安になり早く友だちの中にいれて同じ行動や能力に到達させたいと気持ちが焦り、できていないことばかりにとらわれて子どもに接してしまうのではないでしょうか。このような考えでいると入院をして発達したところを見失ってしまうことになります。それは、三歳なら三歳児の全体の子どもを平均的なレベルにして、そのレベルから下がっていると「遅れている」と発達段階にとらわれた思考となります。そうではなくプラスの思考でとらえると、他の子どもよりも「人に対して敏感になり、相手をよくとらえる力がついた」「きれいなものをとらえる力がついた」「物の見方がするどくなった」「言葉を大切にするようになった」ということが見えてきます。入院をして他の子どもよりもすばらしい感性や想像力、人間関係へのするどさといったことが身についたことを、将来の発達の中に活かせるように親が働きかけることが大切です。すべて前向きの生き方、「この子しか咲かせられない花を咲かせる」ことができるよう**親もプラス思考で生きることが大切です。**

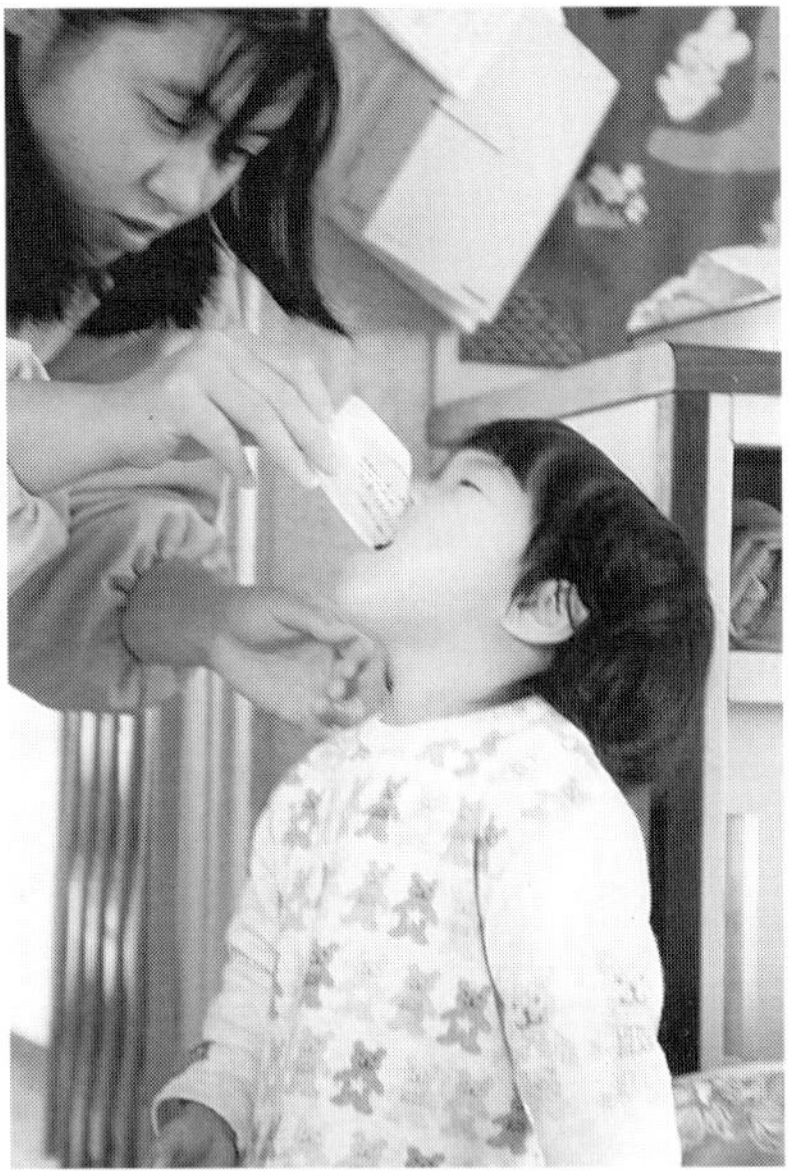

子どもの心を大切にするとは

子どもの心を大切にするとはいったいどのようなことなのでしょうか。一つは、子どもの立場になっていること、そして、親として、また教師として子どもに「何を大切に将来生きていってほしいか」といった考えをしっかりもち接することです。親として子どもが「喜んでいるから」「楽しんでいるから」と大人の目、尺度でとらえて「させること」「やらせること」「与えること」に一生懸命になっていることを見直すのも大事ではないでしょうか。「何を大切にしたらいいか」という視点の参考になればと思い、筋ジストロフィーの子どもとのふれ合いから教えられたことを紹介します。

その子が六歳の時の保育室での出会いから教えられたことです。その女の子は筋力が萎縮して立つことがなかなか自分からできない状態でした。ご両親は一生懸命に病院やマッサージに通って立たせる訓練をしていました。支えてあげればなんとか少しは立つことができる状態でした。ご両親は「ハイ、立って、立って」「ハイ、ヨイショ、ヨイショ」という言葉をかけたり、両手を脇の下に入れて一生懸命立たせようとしました。また、「もう知らない、自分で勝手に立って」といった場面もある中で、月に一回のふれ合いをもつことになりました。最初はなんとか私も立たせようとしましたが、うまくいきませんでした。二回三回と会って、保育室で「自動車ごっこ」といって私の膝の間に座らせ、「右に回ります」と言ってゴロンと右に身体を傾けると女の子の身体は床の上に頭がつくぐらい倒れてしまいました。同じように「左に回ります」と言って左に倒すと、左にゴロンと身体が倒れ「ブレーキ」と言うと前に身体が半分に倒れてしまうといった状態でキャアキャアと笑い一緒に遊んでいる時でした。「外見たい」と言うので大人の椅子に私が座り、窓を開けて外を一緒に見はじめました。「鳥が見えるね」「大きな木だね」と言って見ていると、そこに蝶が飛んで来ました。「かわいいね」と言うと「先生、捕って」と言いながら手を伸ばして蝶を捕ろうとしているその時、いつもは立てないのに自分で立とうとしている姿を見てビックリしました。そして、窓の下には黄色の花が咲いていたので「あ、黄色の花きれいだね」と言うと「先生、見たい」と言って、自分から見ようとして何秒も立っている姿があり、深く感動をしました。この時から「ハイ、立って、立って」これでは立ちたくない。「ヨイショ、ヨイショ」抱いて立たせようでは自分から立つ意欲がない。立つまで無関心では立つ心が育たない。この女の子とのふれ合いの中で「立ちたい」という気持ちにさせるための環境と「立ちたくなる」ための周囲の人の言葉かけが大切ということを教えられました。

食事、トイレ、服の着脱や勉強をすることでも「やらせる」「させようとする」のでなく、自分から「したい」という意欲が湧いてくる環境とやさしい言葉かけを子どもたちは求めているということではないでしょうか。

おとなしいと思われる子に対して

「私、挨拶してオハヨウと言っているのに」「みんなの遊んでいるのを見て楽しんでいるのに」「動きたくないだけなのに…」「今は遊びたくない時なのに」「話したくないだけなのに」「みんなの中に入りたくないだけなのに…」このような子どもの態度を見て親や先生は、すぐ「この子は友だちの中に入れない子、はっきり、大きな声で話すことができない子、集団で遊べない子、いじめられタイプの子」と決めつけてしまう場合があります。このような子は決めつけられることによってさらに「自分でできない子」「自分はしゃべらなくてもいい」「動けなくてもしかたない」といった気持ちになってしまう場合もあります。

その子どもをよく見ていると、絵が得意で机に向かって何枚も描いていたりします。また挨拶も大きな声では言えないものの口の中で小さく「オハヨウ」と言っていたりします。また集団の中に入らないけれども友だちがままごとをしているのをそばで見ていて楽しそうにしていたりします。

このような子どもは友だちの行動をじっと観察していたり、物の性質をよく見ていたり、大人の言動を観察しています。そしてこの観察をしたことを絵に描いたり、歌ったり、身体で表現したり、粘土で造ったり、文章で書いたりすることを得意にしていることも見られます。

しかし、このようなタイプの子どもを早くしゃべらせようとしたり、人の中に入らせようとすると時間がかかる場合もあります。わが子がこのようなタイプの時、まず、子どもを「受け入れる」ことができるかどうかに左右されます。親に「受け入れられる」ことによって人前で自信をもって行動できるようになります。母親としてこの子の感性豊かな生き方や能力を「認める」ことが大切だと思います。「小さい声だけれど挨拶できているね、今、見て楽しんでるのだね」といった受入れ方をすることです。また、「失敗してもいいんだよ。今にできるようになるからね」といった見守り方をすることも大切となります。ここで大事なことは、この子の能力の中で物をとらえる力、それをさまざまな方法で表現することができるということを信じることです。同時に、具体的にほめるということをとおして自信をつけさせることも大切です。子どもの行為をすべて否定するような「言葉かけ」は慎み、この子は「何に」興味・関心をもっているかということをじっくりと腰を落ちつけて見てあげることです。そして、興味・関心をもっているということは必ずどこかに能力が伸びていることなのです。そこを見つけ、具体的にほめることが大切です。しかし、ほめるということは子どもをじっくりと見ていないとなかなかできません。また、受け入れるということをしないとほめることもできません。

こういったタイプの子どもが人前で自信をもって行動できるためには、「自分は愛されている」「受け入れられている」といった「生きる喜び」を味わうことが大切です。

チャンスをのがさないで

人は生きている中でさまざまなチャンスに出会うことがあります。女性として、母親として、人間として高まるチャンスがあった時につかまえることができていたか見直したいものです。チャンスがあったのに見つけることができなくて後悔したり、また逆にうまく自分のものにできた人もいることでしょう。

親として、現在わが子にどのようなチャンスを与えているか考えたことがありますか。子どもと共に高まり、人間的に大きくなれるチャンスが与えられていても気がつかない場合があります。子どもが集中してブロックでロボットを造って創造の世界にひたっているのに「こういうのにしたら面白いよ」とじゃまをして想像力を摘んでしまったことや、子どもが絵を描いて「見て」と言った時に「上手な豚描いたね」と、本当は犬を描いて自信に満ちていた子どもをがっかりさせ、絵の好きな子に育てるチャンスをのがしてしまったことはありませんか。ごはんを食べている時に「いつまで食べているの」と言ったために食べる意欲を奪ってしまったり、服を自分で脱ごうと悪戦苦闘しているのに、黙って急に袖を引っ張って手助けをしたことはありませんか。子どもが大きくなるチャンスが与えられている場面で一声かけたり、手を出したりして発達を妨げていることを見直したいものです。いつまでもかわいい、かわいいと、子離れができていなければチャンスを見つけることはできません。

一年の中で三月から四月は一つのチャンスです。小学校に入学するというれしい気持ちと不安や緊張する中で大きくなるという自覚がもてる時です。また、三歳児のクラスから四歳児に進級して自分より小さな友だちが入ってくるという意識も芽生える時です。このような時期をひとつのチャンスとして利用することです。「入園した時は『おはよう』も言えなかったけれど今はハッキリと大きな声で言えてお母さんうれしいと思っているよ」「今度大きい組になるね、お母さんはどこまで片づけを手伝っていいか教えてくれる?」「一年生になるけど朝起こすのどこまでしたらいい?」「お母さんが持ち物に全部名前書いていい?」「今まで一緒に寝ていたけどこれからどうする?」といった問いかけをし、家族の中で約束事を見つけたいものです。子どもの気持ちを受け入れないで親の一方的な考えで勝手に決めつけることは大きな問題です。子どもにとって親から答えを出されていれば楽ですが、自分で行動しようといった意欲がなくなります。持ち物でもすべて母親が名前やサインを記入していれば自分の持ち物といった自覚が薄れます。入学するということで持ち物にサインや名前を自分の手で記入させ、「自分の持ち物なので大切にする」という意識をもつことにより忘れ物をしないことが身についていくのです。このように発達するチャンスに手を出しすぎ芽を摘んでいたなら、三月と四月は大きくなる時期として自分のことはできるだけ自分でやらせるようにしてみてください。発達の節目として親はとらえる眼をもちたいものです。

長かった冬も終りを告げ、春の光が輝いています。冬が厳しかった分だけ春が嬉しいのですね。FAX有難うございました。

先生の園のお母様方は、子どもを真の人間へと育てる知恵と力を授けて頂いているのですね。正しい愛にあふれた母親が子育てをする事により、社会をどんなにか改革できることでしょう。

FAXから、発達の芽を伸ばすチャンスは、生活の中で、次から次へとやってきては消えていく、一瞬一瞬の中にあるのだと気づきました。一場面一場面に最善の利益を考慮し、子どもの側にたって援助する事の大切さを学びました。未熟な私に、それは神業のように困難な事に思われますが、専門職として努力する事を求められていると教えて頂きました。努力の過程で失敗する事があったなら、反省して子どもにお詫びし、またたち上がって進みたいものです。有難うございました。

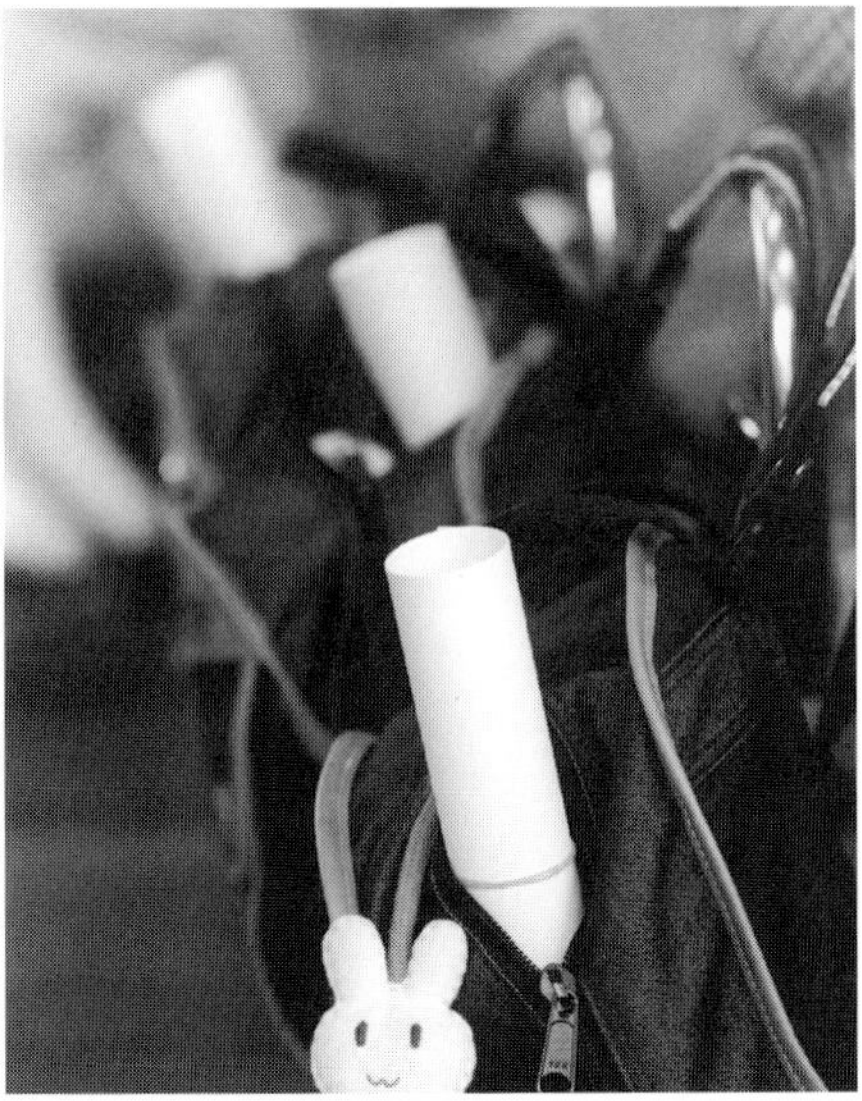

子どもを○○と決めつけていませんか

「この子は頭がよい子」「うちの子はかわいい子」「いつもテレる子」「勉強のできない子」「食べる量が少ない子」「絵がへたな子」「踊りがへたな子」…とわが子を決めつけていませんか。幼児期に親や先生から自分は「よい子だ」とか「悪い子・できない子」といったレッテルを貼られて育った子どもの心を理解していますか。「よい子」というレッテルを貼られたことによって自分はいつも「よい子」でいなければならないといった意識をもっている子どももいます。また「悪い子・できない子」といったレッテルを貼られたことによって自分は「できない子」「できなくて当然」といった劣等感をもって生活をしている子どもも見られます。言葉が遅れているから「障害児」と決めつけられて、自分は障害児だから周囲の大人や子どもたちが手伝ってくれてあたりまえといった態度の子と時どき出会うことがあります。また、親として「自分の子はできる子」だから将来の仕事は自分の理想どおりになってくれるだろう。反対に「自分の子はできない子」だから仕事も学校も期待できないだろう。「障害児」とレッテルを貼られたから将来には希望もないだろうなど、さまざまな期待と不安をもったまま生活をしている場合もあります。

　このように幼児期に親や先生から「あなたは○○だ」と決めつけられ育った場合、子どもたちは生きていくうえで生活する力や性格が偏ってしまうということを見直してほしいと思います。例えば、母親が、わが子を「人見知りの強い子」と決めつけ「この子は、人見知りが強く、人の前で挨拶もできない、大きな声でしゃべれない」と人見知りしている時に子どもの前で言う場合が見られます。そのような時、子どもは小さな声で「オハヨウ」と挨拶しているかもしれません。挨拶をしているのに母親は「もっと大きな声で言いなさい。ダメねえ。本当にテレやさんだから」と言い、そのような場面の子どもの心況は「お母さん、言っているのに、ちっともわかってくれない」といったところではないでしょうか。「大きな声で」と言われれば言われるほど挨拶ができなくなってしまうことを理解してあげてほしいのです。

　このような「人見知り」をしている子どもの生活を見ていると、細かい個所まで観察した絵を描いていたり、先生や友だちの行動をよく見ていてまねを上手にしたり、絵本を熱中して読んでいる場面に出会います。こういった子どものよいところとして「人や物をとらえる力」が他の子どもより数段優れていると理解してほしいと思います。認知力の優れた子どもとして母親や先生がとらえて、それを伸ばすふれ合いができたならば、自信をもって生きていくと思います。「人見知り」が悪いと決めつけるふれ合いではなく優れた能力をもった子どもでもあると理解してあげてください。このように「感性」の豊かな子どもとしてとらえる親になり能力を伸ばしてあげてほしいものです。将来、絵を描く仕事、人を観察したり、心の痛みを理解する仕事（たとえば心理学者）や花や植物をつくる仕事など、創造力を活かす仕事に向いている子どもと見直し、一生見守ってあげてくださいね。お父さん・お母さん……。

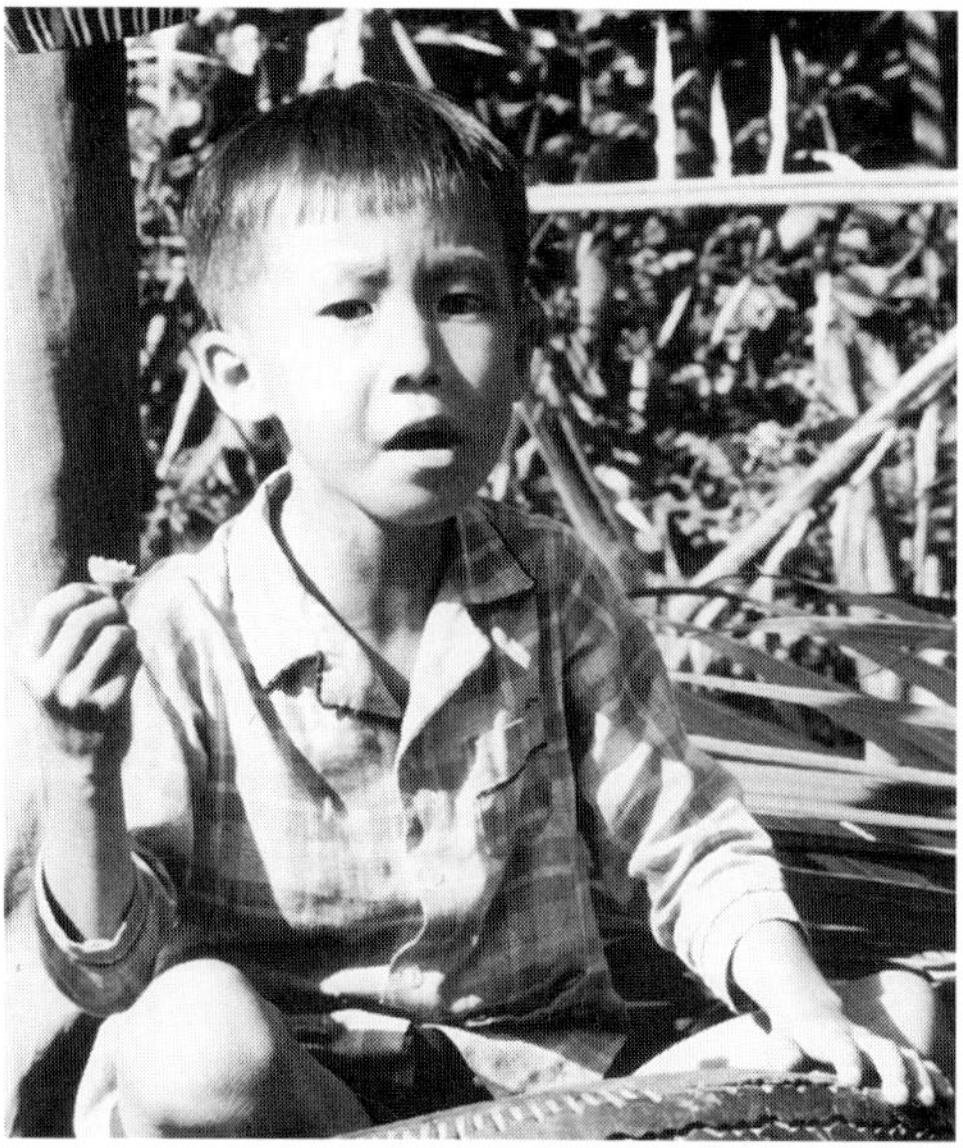

幼稚園・保育所時代の先生と親の言葉

子どもが思春期になった時、悩み、苦しみ、心を痛めているようすを見てどのような励ましや慰めの言葉をかけていいかわからない時があると思います。そのような場面に出会っても親として自信と信念をもってふれ合ってほしいと願っています。どのようなふれ合いかといいますと「わが子には生きていく力がある」ということを信じて、悩んでいる時に言葉をかけてあげてほしいのです。その「生きていく力」を身につけてもらうため、園の先生がその子のよさを見つけほめたことを思い出して下さい。先生がかけていたほめ言葉が子どもと親の心の支えになっていたことを思春期になって思い出し働きかけてほしいと思います。

電車やバスの中で卒園した子どもと話す機会があると、子どもたちの「運動会の時、○○を踊った。今もやっている？　○○君もほめられたけど○○先生にほめられてうれしかったよ」「Aちゃんと遊んで楽しかった」「B先生元気かな、やさしかったね。でもC先生厳しかった」などという言葉から園の時の体験は心の中に残っているということがうかがえます。小学生や中学生そして大人になり、子どもが不安な時に不安を取り除く言葉、自信をなくしている時に自信を取りもどす言葉、友だちにいじわるされている時に切り開いていく勇気を与えてくれた慰めの言葉、工夫したことが最後にできあがり一緒に喜んだ共感の言葉など、先生や親から園時代に「たった一言」を与えられたさまざまな記憶があると思います。この園時代に心に残るほめ言葉を先生やお母さんから一つでも多く与えてあげてください。そして、**思春期にほめられた記憶をよみがえらせ、生きている喜びと生きていたいという心に結びつけて親子で困難を切り開いてほしいと願います。**

園長や担任から「〇〇ちゃん、絵がすてきに描けたね」「劇の時に〇〇になりきっている姿がすばらしかったよ」「友だちに手をかしてあげ慰めている姿よかったね」といったように具体的にほめられた体験を大切にしたいものです。そして、小学生・中学生になってもこのようなほめられた話をすると子どもたちは全員ニコッとすてきな笑顔をみせてくれると思います。思春期になってもこのよう な、温かいぬくもりのある家族で心の基地のような雰囲気をつくってあげてください。限りない可能性を秘めた幼児期には、先生もお母さんも子どもをほめるチャンスがいっぱいあります。思春期になって悩んだ時にほめられた時の喜びを心に残し、「園の時、先生やお母さん、お父さんからほめられていたね」と声をかけて共に悩みながら「生きる喜び」を味わう親子であってほしいと思います。

園の時に先生やお母さん、お父さんからいっぱいほめられた体験をもってほしいと願っています。

しかし、ほめるには子どもを「受け入れる」という姿勢をもっていなくてはできません。また「じっとよく見る」ことをしないと具体的にほめることはできません。わが子が思春期になった時にも「ほめ上手」な親でいたいものです。

Ⅳ 保育の現場から

幼稚園・保育所の先生へ

保育目標と方針をわかりやすく説明していますか

園長は保護者が保育所を見学に来た時や地域の人から「どのような保育所ですか」と問われた時に、養護と教育が一体となった保育をしていること、そして保育の方針はすべての職員が共通に把握して子どもたちとふれ合っているということを伝えているか見直したいものです。しかし、保育の専門用語で説明していては現代の母親に通じない場合があります。保育者は保護者と話す時、保育の世界で使う言葉やカタカナを使うことにより不信感や不安感を与えてしまう場合もあります。例えば、「養護」という言葉を使っても保護者は理解しにくいことと思います。しかし、大切にしていることは、「お子さんの命を護り、病気にさせない努力をしながら情緒の安定を図っています」、また「心の教育をしていますが、その中で最も力をいれ教育をしているのは○○です」と具体的に説明をしているでしょうか。当然素敵な笑顔でもって対応し安心感を与えることも大切です。電話の応対や説明する態度によって保護者の受け止め方が異なる場合もあります。

さらに、このような目標にそった保育の方針として「すべての職員が一人ひとりの発達を考えて保

育所の環境を常に安全にし、子どもの発達にふさわしい遊具や教材を準備しています。また、先生たちは、一人ひとりの発達を把握するために記録を丁寧にとり個人差を考慮した保育をしています。さらに、劣等感をもたせないように一人ひとりの能力にふさわしい教材を工夫したり、できた喜びやもっとしたいという意欲、我慢する態度、工夫する力を養うように教育をしています」といったことを具体的に保護者に伝えているかということも重要です。保護者への対応として園長や主任は、自分の地域の保護者がどのようなことを保育所に求めているかを把握し、保護者の要望に流されることなく**子どもの最善の利益を考慮して保育ができることを考えなければなりません。**保護者のさまざまな立場や現在の心情を理解して子どものために一緒になって努力をしたいという気持ちを伝えたいものです。

子どもの成長を共に喜べる幼稚園・保育所

母親になった時、わが子を幼稚園・保育所に入園させることによって入園式に始まり遠足や運動会、七夕など子どもをとおしてさまざまな体験ができます。また、日々の保育をとおして大きくなってい く姿を見つけることができます。しかし、保育の最中にとりかえしのつかない怪我をさせられたり、心に傷を与えられることがあります。保護者として園は憎んだりするところではなく、子どもを授かった喜びを味わうことができるところのはずです。母親と一緒になって子どもの成長を喜びあうことができる保育をしたいものです。母親に「頑張って子育てしなさい」「早くなんでもできるようにしつけなさい」といった頑張らせることだけを強要するのではなく、成長を喜び「子どもを生んでよかった」という気持ちをもってもらえることも大切です。

入園したころは、ヨタヨタと歩き、挨拶もできず、オシッコも失敗の連続、食事も少ししか食べず、みんなの中になかなか入れず、泣いてばかりといった状態だったと思います。このような状態から三か月、六か月もたつとしっかりした歩き方になったり、「おはよう」と元気に言えるようになったり、食事も早く食べられるようになり、スプーンも使え、クラスの中に入ることができるようになっていることに気づきます。この幼児期を半年前とか一年前を単位にとらえると大きくなった箇所をはっきりと見つけることは容易です。しかし、いつもわが子の姿だけを見ているとなかなか見つけられないのが母親です。園として成長を伝えるには入園したころの一週間ぐらいの個人記録をしっかり記録しておきたいものです。言葉の発語や理解度、先生や友だちとのかかわり方はどのようであったか、手先の使い方や身のこなし方はどのようであったか、また泣いたりする状態、母親と別れる時の状況などを記録することによって大きくなったことを母親に伝えることができます。**子どもを本当に好きなら一人ひとりの行動をじっくりとよく見ることです。**「見ない・見られない・見ようとしない」ではなく一人ひとりの発達の違いを把握しようという気持ちで見たいものです。一人ひとりの発達の違いがあることを把握し、「こんなにも大きくなった、できるようになった、成長した」という感動を母親と共に共感したいものです。

多様化している家族と信頼感を確立するため

夫婦が別所帯での通い婚、祖父母と子どもだけの家庭、大家族、単親家庭、国際結婚など最近の家族の形態は多様化し、幼稚園・保育所としての対応も多くのことが求められています。母親の育児に対するあり方も多様で、子どもを園に預けっぱなしであったり、育児のしかたに自信がなく手引書のとおりにしつけようとしてできないとパニックになってしまったり、子どもを自分の思いどおりにしようとして焦ってしまったり、過保護であったり拒否的であったりとさまざまな態度がみられます。また園にうるさく口だしをしてイライラしたり、要求が伝えられなくて陰でコソコソしたり、相手のことを考えず、自分の子さえよければそれでいいという態度など多種多様な状況が見られます。

このように親のあり方や園に対する要求も多様であることを把握して保護者との信頼関係を作らなければなりません。保護者が初めて園に来た時に、応対に出た人の態度によって相手は心を開いたり、閉じたりします。園の「預かってあげる」といった態度には、相手も心を開くことができず園に対して要求を一方的に押しつける場合も出てきます。お互いに働く者として悩みを聴いたり、限られた時

間をどのように対処するか、子どもの病気やけがの時の苦しさを乗り越える知恵をアドバイスしてあげたい、といった姿勢が大切です。「あなたのために時間をとり、じっくり話を聴きますよ」といった態度を表すことです。大切なことは、**子どもが家庭で生活する実態を把握し、親がどのような悩みを抱えながら生活しているかを理解することです。**親に対して、自分の園の保育の目標や方針、さらには家庭と連携し子どもを大切にしていることを説明します。育児相談のシステム、育児に対する園長からの手紙やクラスだよりによってクラスのことを理解してもらうこと、保護者どうしの交流会や担任の保育者との懇談を設定し、行事のあり方を伝えることです。日常の連絡帳の活用をとおして子どもの命を護り、「体調が悪い時は一人ひとりの体調にふさわしい対応をしますから安心して預けてください」といった態度を示すことです。そして「子育ては悩むことが多いので一緒に考えながら共に高まり、さらには子どもが成長する喜びを味わい、この園で出会ったことを大切にしたい」という態度が必要です。

「聴き上手」な保育者のいる幼稚園・保育所とは

子育て支援の重要性が叫ばれ、さまざまな相談を保護者から受ける機会も多くなっています。親は子育てのこと、自分自身のこと、家族のことなどいろんな問題に悩みながら生活をしている場合もあります。しかし、自分の周囲で悩みを打ち明ける人もいず、幼稚園・保育所が相談する唯一の場所であることもあります。また、子どもを園に預けていないが子育ての悩みなどを聴いてくれる先生がいるということがわかり行ってみたくなるという場合もあります。

このような子育てに悩む親に対して「聴き上手」な園になっているか、園は、親にとって相談したくなる雰囲気があるか見直したいものです。親から見て「いつも忙しい、忙しい」といった感じで走り回っている先生、挨拶はハキハキ、ニコニコするがじっとしていない先生、そういった園であると相談したいという気持ちにはなりません。保育者が「あなたのためにじっくりと腰を落ちつけて時間をとっていますよ」という態度を示していれば相談したくなります。立ち話の時にも保育者の視線があっちに行ったり、こっちに来たりという態度で落ち着きない雰囲気をつくるのではなく、**相談に来**

た相手の言葉には「心から耳を傾けて聴く」という姿勢を示すことです。「あなたの言いたいことはわかった、わかった」という決めつけた態度ではなく相手の気持ちをわかろうとする努力が必要です。また、聴きたいことだけ聴くという態度ではなく、相談する保護者の不安、孤独、悩みに対して、気持ちを理解しようという姿勢で接したいものです。保育所に自分の気持ちを受け入れてくれるという温かい雰囲気があることによって保護者は救われることになります。子育ての中での悩み、不安を聴いてくれる人が一人いることによって「自分は生きている喜びを感じ、そして生きていたい」という気持ちになります。このように保護者と保育者との心の交流ができ「幼稚園・保育所に子どもを預けてよかった」「子どもを授かってよかった」という気持ちになれるのです。相手の立場に立って、相手が心を開きたくなるように、じっくりと話を聴く態度を常に心がけることが大切です。

音楽を楽しんでいますか

子どもたちに一生懸命に音楽の指導をしている時、大変気になることがあります。それは音を楽しんで体験することとまったく反対に、音を一生懸命作ったり歌わせられている状況が見られることです。保育の中で音楽を与えられている時、子どもたちはいったいどのように感じているか聴きたいものです。本当に楽しく音を味わっているのか、それとも自分では理解できずに音を押しつけられていると感じているかチェックしたいものです。保育者に対して音楽の時に「何を中心に指導していますか」と問いかけた時どのような答えが返ってくるでしょうか。

子どもたちに歌を歌わせる指導の時、歌詞を正しく覚えさせること、そして正しい音程とリズムを身につけさせること、大きな声で歌わせることが素晴らしい歌の指導と思い込んでいる保育者は見直したいものです。ここで「ねらいは保育目標を具体化したものであり、また到達目標ではなく発達の方向性である」といった言葉を思い出してみると「覚えさせること」「音程を正しくまちがわないようにさせること」「大きな声で歌わせること」にとらわれている指導は「ねらい」をまちがえている保育指導といえます。例えば、六歳児の「ねらい」の中に「感じたことや思ったこと、想像したことなどを、さまざまな方法で工夫して自由に表現する」といった言葉があります。この言葉は到達目標でなく**子どもたちが歌って楽しい、面白いと感じ自分で工夫して楽しく歌いたくなるような方向性をもって音楽の指導をするということです**。音程にとらわれすぎたり、リズムを正しくしなければならないといった指導だけをするというのでなく、歌に対して楽しいと感じることが大切です。そのための指導として、保育者が子どもたちに楽しいと感じる歌い方をしたり、子どもたちが自分から歌いたくなるような人的環境としてのモデルとなることです。当然、子どもたちの能力に合わせ、興味・関心をもっている曲を準備することです。上手に歌いなさいとか、正しい音程とリズムで歌いなさいと指導されすぎると歌を嫌いになってしまう子もいます。歌の上手な子を指導するのが「ねらい」ではありません。自分から歌い、「音って楽しいなあ、不思議だ、面白い」と自分から聴いたり、作ってみたいと思えるような、音楽をとおしての自発性を育てることこそが「ねらい」とする発達の方向性といえます。

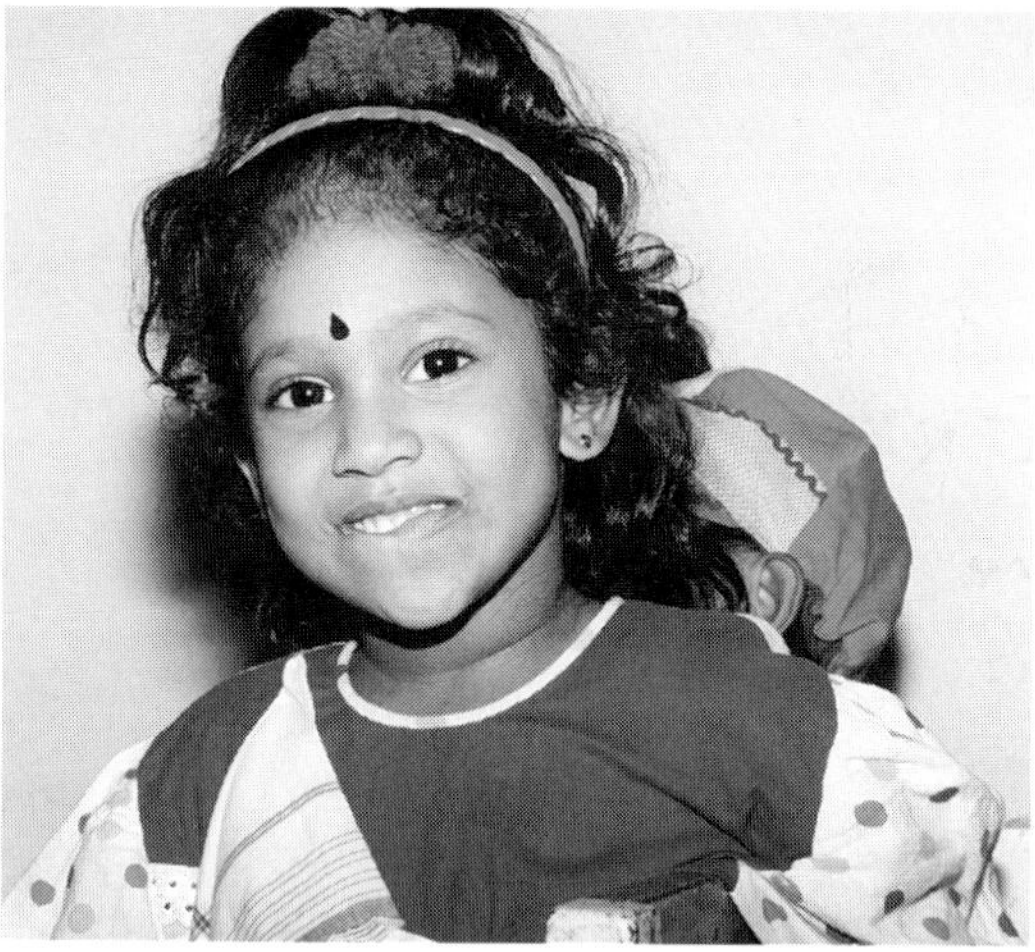

Bible Society

楽しいばかりでいいでしょうか

おひな様をホールで飾っている保育場面で、子どもにとって楽しいだけの保育でいいか考えてみましょう。五歳児の担任が五人囃子や三人官女をどのようにひな段に並ばせるのかを図を見ながら考えていました。しかし「先生の家のと違う。先生わからないからみんなで調べて飾って…」と図を五歳児にわたしました。子どもたちは「ワア！」と言って駆けより図を取ったり、飾るものをビニール袋から取り出す子もいました。すると先生は「あ、いいもの持ってくる」と言って部屋から出ていくのでした。残された子どもたちは口々に「ここに帽子だ」「ここには太鼓だ」「これは笛かな」「これかな」と太鼓や笛や弓矢を持たせたりしました。子どもたちは押し合ったり、取り合ったり、落としたりといった状況でした。そこへ「いいものハイ、これ一つずつ」とひなあられの入った袋を持ってきて右手をつっこみ、一握りずつわたしました。「数えてないからね、ハイ、おいしいよ」と適当に握ってわたすと、立って食べる子や歩きながら食べる子、座って口に入れる子、飾りながら食べる子とさまざまな状況が見られました。

　このような保育を一見するとニコニコしたり、大声で話したり、自由に動き回って子どもたちからは楽しそうな雰囲気が感じられたのでした。子どもたちに楽しいと感じさせる保育は大切です。しかし、この保育のように「いただきます」「ごちそうさま」といった挨拶をしなかったり、手も洗わないという保健衛生面での配慮がなかったり、歩きながら食べるという行儀を教えることをしない保育は問題です。**子どもの発達を考えれば自由にさせたり、すべてを許したりして楽しければ保育しているということはありえないはずです。**子どもを笑わせたりして面白い言葉を使うだけでなく、約束を守ったり、物を大切にしたり、言葉を理解したり、正しく使ったりすることができるようにすることも重要です。子どもたちに自分たちで「調べて」と言ってそのままにするのは放任といえます。当然、物を壊したり、騒いだり、わからなくなってバラバラにしたりする状態になることは予想されるはずです。しかし、そのようになることを予想せず保育者がその場からいなくなるということは自分勝手な保育であり、子どもの立場を考えていない保育といえます。「ねらい」「内容」をおさえた保育を心がければ見直しになるはずです。

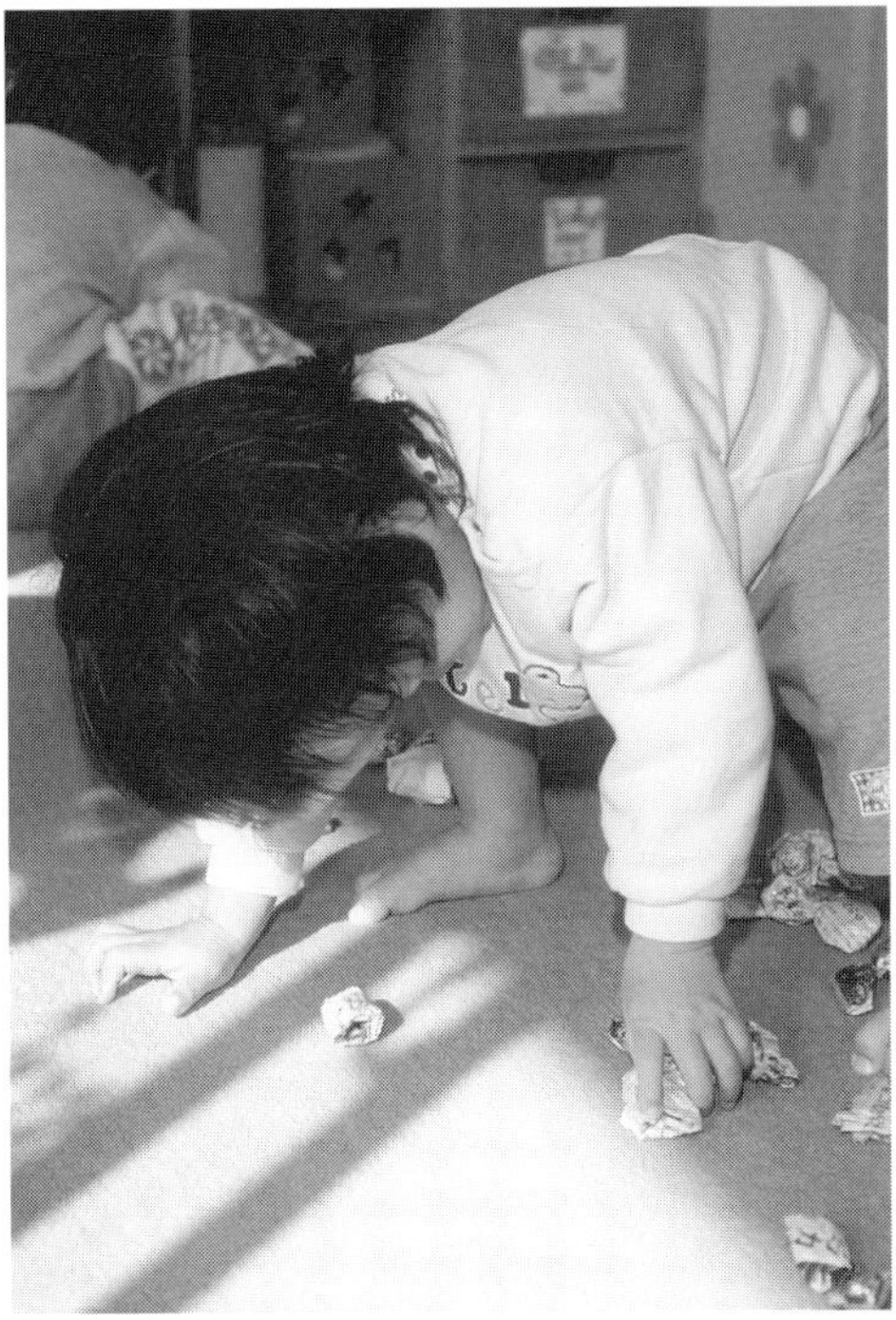

著者紹介

飯田和也（いいだ　かずや）

1945年　愛知県生まれ

1968年　玉川大学文学部卒業

1977年　愛知学院大学大学院修士課程修了（発達心理学）

その後、名古屋大学大学院教育学部教育心理学研究生（臨床心理学）などを経て、幼稚園の園長を務めたり、保育所や乳児院、児童養護施設、老人施設の役員をしたり、障害児とのふれ合いをとおして「保育の計画」「保育の方法・援助」などの考え方や実践について全国各地で講演するなどして活躍中。

現在　名古屋柳城短期大学教授
岐阜大学非常勤講師
学校法人緑ヶ丘学園、誠和幼稚園理事長・園長
国際子ども研究所所長
児童福祉施設福祉サービス第三者評価機関評価決定委員会委員

主な著書

『改定　保育所保育指針解説』（共著）1990年　北大路書房
『乳児保育実践マニュアル』（共著）1990年　日本保育協会
『指導計画の作成と内容の展開』（共著）1991年　北大路書房
『指導計画記入事例集』（編著）1991年　ひかりのくに
『保育の計画記入事例集』（編著）1992年　ひかりのくに
『統合保育』（共著）1992年　コレール社
『世界で一つしかないもの』1995年　花書房
『指導計画立案ノート３／４／５歳児』（編著）1996年　ひかりのくに
『障害をもつ子どもの保育』（編著）1996年　みらい
『一人ひとりを愛する保育』1998年　北大路書房
『０／１／２歳児の指導計画』（編著）1999年　ひかりのくに
『保育所保育指針 Q&A70』（共著）2000年　ひかりのくに

写真提供／飯田孝之（いいだ　たかゆき）

略歴

1972年、岐阜県に生まれる。16歳でスリランカ（コロンボ）に１年間、17歳より約３年間カナダ（バンクーバー）に留学の後、フリーのカメラマンとして保育の現場を撮影し、スリランカ、フィリピン、カンボジア、ニュージーランド、イギリス、中国の国々の子どもの姿や自然を中心に撮影して回る。その後、特別養護老人施設で２年間老人の介護をし、現在は子どもに関する写真家として外国および日本で撮影活動を意欲的に続けている。

〔飯田和也先生 住所〕
〒508-0015
中津川市手賀野 495-9
電話・FAX 0573-65-6420

一人ひとりと向き合う子育て
―親も子も共に育つ「園長からのたより」―

2002年5月20日 初版第1刷印刷
2006年11月20日 初版第4刷発行

定価はカバーに表示してあります。

著 者 飯田和也
発行所 ㈱北大路書房
〒603-8303 京都市北区紫野十二坊町12-8
電 話 (075) 431-0361㈹
FAX (075) 431-9393
振 替 01050-4-2083

 印刷/製本 亜細亜印刷㈱

ISBN4-7628-2253-1 Printed in Japan